墨　人　著

本全集保留作者手批手稿

墨人博士作品全集【全60冊】

第四十三冊　亂世佳人

（原名：白夢蘭）

文史哲出版社印行

國家圖書館出版品預行編目資料

墨人博士作品全集 / 墨人著 -- 初版 -- 臺北
市:文史哲, 民 100.12
頁： 公分
ISBN 978-957-549-987-7 (全套 60 冊：平裝)

1.現代文學 2. 中國文學 3.別集

848.6 100022602

墨人博士作品全集【全60冊】

第四十三冊 亂世佳人

著　者：墨　人
出版者：文史哲出版社
http://www.lapen.com.tw
登記證字號：行政院新聞局版臺業字五三三七號
發行人：彭正雄
發行所：文史哲出版社
印刷者：文史哲出版社
臺北市羅斯福路一段七十二巷四號
郵政劃撥帳號：一六一八〇一七五
電話886-2-23511028・傳真886-2-23965656

【全60冊】定價新臺幣 36,800 元

中華民國一百年（2011）十二月初版

ISBN 978-957-549-987-7 08992

墨人博士著作品全集　總目

一、散文類

二、長篇小說

三、中短篇小說散文合集

四、詩詞及論評

墨人的一部文學千秋史

張萬熙先生，筆名墨人，江西九江人，民國九年生。爲一位享譽國內外名小說家、詩人、學者。歷任軍、公、教職。六十五歲始自從國民大會簡任一級加年功俸的資料組長兼圖書館長公職崗位退休，但已是中國文壇上一位閃亮的巨星。出版有：《全唐詩尋幽探微》、《紅樓夢的寫作技巧》、二百九十多萬字的大長篇小說《紅塵》、《白雪青山》、《春梅小史》；詩集：《哀祖國》；散文集：《小園昨夜又東風》……。民國五十年、五十一年連續以短篇小說，兩次入選維也納納富出版公司出版的《世界最佳小說選集》。七十歲時自東吳大學中文系教席二度退休，仍著述不輟，爲國寶級文學家。墨人博士在臺勤於創作六十多年（在大陸時期已創作十年），並以其精通儒、釋、道之學養，綜理戎機、參贊政務、作育英才，更以其對傳統文學的精湛造詣，與對新文藝的創作，在國際上贏得無數榮譽，如：美國世界大學榮譽文學博士、美國馬奎士國際大學榮譽文學博士、美國艾因斯坦國際學院榮譽人文學博士（包括哲學、文學、藝術、語言四類）、英國劍橋國際傳記中心副總裁（代表亞洲）、英國莎士比亞詩、小說與人文學獎得主，現在出版《全集》中。

壹、家世・堂號

張萬熙先生，江西省德化人（今九江），先祖玉公，明末時以提督將軍身份鎮守雁門關，蒙古騎兵入侵，戰死於東昌，後封爲「河間王」。其子輔公，進士出身，歷任文官。後亦奉召領兵「三定交趾」，因戰功而封爲「定興王」。其子貞公亦有兵權，因受奸人陷害，自蘇州嘉定（即今上海市一區），謫居潯陽（今江西九江）。祖宗牌位對聯爲：嘉定源流遠，潯陽歲月長；右書「清河郡」、左寫「百忍堂」。

貳、來臺灣的過程

民國三十八年，時局甚亂，張萬熙先生攜家帶眷，在兵荒馬亂人心惶惶時，張先生從湖南長沙火車站，先將一千多度的近視眼弱妻，與四個七歲以下子女，從車窗口塞進車廂，自己則擠在廁所內動彈不得，千辛萬苦的從湖南長沙搭火車南下廣州，從廣州登商輪來臺。七月三日抵基隆，由同學顧天一先生，接到臺北縣永和鎮鄉下暫住。

參、在臺灣一甲子奮鬥的過程

一、初到臺灣的生活

家小安頓妥後，張萬熙先生先到臺北萬華，一家新創刊的《經濟快報》擔任主編，但因財務不濟，四個月不到便草草結束。幸而另謀新職，舉家遷往左營擔任海軍總司令辦公室秘書，負責紀錄整理所有軍務會報紀錄。

民國四十六年，張先生自左營來臺北任職國防部史政局編纂《北伐戰史》（歷時五年多浩大工程，編成綠布面精裝本、封面燙金字《北伐戰史》叢書），完成後在「八二三」炮戰前夕又調任國防部總政治部，主管陸、海、空、聯勤文宣業務，四十七歲自軍中正式退役後轉任文官，在臺北市中山堂的國民大會主編研究世界各國憲法政治的十六開大本的《憲政思潮》，作者、譯者都是台灣大學、政治大學的教授、系主任，首開政治學術化先例。

張先生從左營遷到臺北大直海軍眷舍，只是由克難的甘蔗板隔間眷舍改爲磚牆眷舍，大小一般，但邊間有一片不小的空地，子女也大了，不能再擠在一間房屋內，因此，張先生加蓋了三間竹屋安頓他們。但眷舍右上方山上是一大片白色天主教公墓，在心理上有一種「與鬼爲鄰」的感覺。張夫人有一千多度的近視眼，她看不清楚，子女看見嘴裡不講，心裡都不舒服。張先生自軍中假退役後，只拿八成俸。

張先生因爲有稿費、版稅，還有些積蓄，除在左營被姓譚的同學騙走二百銀元外，剩下的積蓄還可以做點別的事。因爲住左營時在銀行裡存了不少舊臺幣，那時左營中學附近的土地只要三塊多錢一坪，張先生可以買一萬多坪。但那時政府的口號是「一年準備，兩年反攻，三年掃蕩，五年成功。」張先生信以爲真，三十歲左右的人還是「少不更事」，平時又忙著上班、寫作，實在不懂政治、經濟大事，以爲政府和「最高領袖」不會騙人，五年以內真的可以回大陸，張先生又有「戰士授田證」。沒想到一改用新臺幣，張先生就損失一半存款，呼天不應。但天理不容，姓譚的同學不但無后，也死了三十多年，更沒沒無聞。張先生作人、看人的準則是：無論幹什麼都是「誠信」第一，因果比法律更公平、更準。欺人不可欺心，否則自食其果。

二、退休後的寫作生活

張先生四十七歲自軍職退休後，轉任台北市中山堂國大會主編十六開大本研究各國憲法政治的《憲政思潮》十八年，時任簡任一級資料組長兼圖書館長。並在東吳大學兼任副教授二十年、香港廣大學院指導教授、講座教授、指導論文寫作、不必上課。六十四歲時即請求自公職提前退休，以業務重要不准，但取得國民大會秘書長（北京朝陽大學法律系畢業）何宜武先生的首肯，六十五歲依法退休。當時國民大會、立法院、監察院簡任一級主管多延至七十歲退休，因所主管業務富有政治性，與單純的行政工作不同，六十五歲時張先生雖達法定退休年齡，還是延長了四個月才正式退休，何秘書長宜武大惑不解地問張先生：「別人請求延長退休而不可得，你為什麼反而要求退休？」張先生答以「專心寫作」，何秘書長才坦然不疑。退休後日夜寫作，因胸有成竹，很快完成了一百九十多萬字的大長篇小說《紅塵》，在鼎盛時期的《臺灣新生報》連載四年多，開中國新聞史中報紙連載最大長篇小說先河。但報社還不敢出版，經讀者熱烈反映，才出版前三大冊。當年十二月即獲行政院新聞局「著作金鼎獎」與嘉新文化基金會「優良著作獎」，亦無前例。《台灣新生報》又出九十三章至一百二十二章，只好名為《續集》。墨人在書前題五言律詩一首：

浩劫未埋身，揮淚寫紅塵，非名非利客，孰晉孰秦人？
毀譽何清問？吉凶自有因。天心應可測，憂道不憂貧。

二〇〇四年初，巴黎 youfeng 書局出版豪華典雅的法文本《紅塵》，亦開「五四」以來中文作家大長篇小說進入西方文學世界重鎮先河。時為巴黎舉辦「中國文化年」期間，兩岸作家多由政府資助出席，張先生未獲任何資助，亦未出席，但法文本《紅塵》卻在會場展出，實爲一大諷刺。張先生一生「只問耕耘，不問收穫」的寫作態度，七十多年來始終如一，不受任何外在因素影響。

肆、特殊事蹟與貢獻

一、《紅塵》出版與中法文學交流

《紅塵》寫作時間跨度長達一世紀，由清朝末年的北京龍氏家族的翰林第開始，寫到八國聯軍、滿清覆亡、民國初建、八年抗日、國共分治下的大陸與臺灣，續談臺灣的建設發展、開放大陸探親等政策。空間廣度更遍及大陸、臺灣、日本、緬甸、印度，是一部中外罕見的當代文學鉅著。墨人五十七歲時應邀出席在西方文藝復興聖地佛羅倫斯所舉辦的首屆國際文藝交流大會，會後環遊地球一周。七十歲時應邀訪問中國大陸四十天，次年即出版《大陸文學之旅》。《紅塵》一書最早於臺灣新生報連載四年多，並由該報連出三版，臺灣新生報易主後，將版權交由昭明出版社出版定本六卷。由於本書以百年來外患內亂的血淚史爲背景，寫出中國人在歷史劇變下所顯露的生命態度、文化認知、人性的進取與沉淪，引起中外許多讀者極大共鳴與回響。

旅法學者王家煜博士是法國研究中國思想的權威，曾參與中國古典文學的法文百科全書翻譯工作，他認爲深入的文化交流仍必須透過文學，而其關鍵就在於翻譯工作。從五四運動以來，中西文化交流一直是西書中譯的單向發展。直到九十年代文建會提出「中書外譯」計畫，臺灣作家才逐漸被介紹到西方，如此文學鉅著的翻譯，算是一個開始。

王家煜在巴黎大學任教中國上古思想史，他指出《紅塵》一書中所引用的詩詞以及蘊含中國思想的博大精深，是翻譯過程中最費工夫的部分。爲此，他遍尋參考資料，並與學者、詩人討論，歷時十年終於完成《紅塵》的翻譯工作，本書得以出版，感到無比的欣慰。他笑著說，這可說是「十年寒窗」。

《紅塵》法文譯本分上下兩大冊，已由法國最重要的中法文書局「友豐書店」出版。友豐負責人潘立輝謙沖寡言，三十年多來，因對中法文化交流有重大貢獻而獲得法國授予文化「騎士勳章」的榮譽。他於五年前開始成立出版部，成爲歐洲一家以出版中國圖書法文譯著爲主業的華人出版社。

潘立輝表示，王家煜先生的法文譯筆典雅、優美而流暢，使他收到「紅塵」譯稿時，愛得不忍釋手，他以一星期的時間一口氣看完，經常讀到凌晨四點。他表示出版此書不惜成本，不太可能賺錢，卻感到十分驕傲，因爲本書能讓不懂中文的旅法華人子弟，更瞭解自己文化根源的可貴之處，同時，本書的寫作技巧必對法國文壇有極大影響。

二、不擅作生意

張先生在六十五歲退休之前，完全是公餘寫作，在軍人、公務員生活中，張先生遭遇的挫折不少。軍職方面，張先生只升到中校就不做了，因爲過去稱張先生爲前輩、老長官的人都成爲張先生的上司，張先生怎麼能做？因爲張先生的現職是軍聞社資料室主任（他在南京時即任國防部新創立的「軍事新聞總社」實際編輯主任，因言守元先生是軍校六期老大哥，未學新聞，不在編輯之列）。但張先生以不求官，只求假退役，不擋人官路，這才退了下來。那時養來亨雞風氣盛行，在南京軍聞總社任外勤記者的姚秉凡先生頭腦靈活，他即時養來亭雞，張先生也「東施效顰」，結果將過去稿費積蓄全都賠光。

三、家庭生活與運動養生

張先生大兒子考取中國廣播公司編譯，結婚生子，廿七年後才退休，長孫修明取得美國南加州大學電機碩士學位，之後即在美國任電機工程師。五個子女均各婚嫁，小兒子選良以獎學金取得美國華盛頓大學化學工程博士，媳蔡傳惠爲伊利諾理工學院材料科學碩士，兩孫亦已大學畢業就業，落地生根。

張先生兩老活到九十一、九十二歲還能照顧自己。（近年以一印尼女「外勞」代做家事）張先生一伏案寫作四、五小時都不休息，與臺大外文系畢業的長子選翰兩人都信佛，六十五歲退休後即吃全素。低血壓十多年來都在五十五至五十九之間，高血壓則在一百一十左右，走路「行如風」，年輕人很多都跟不上張先生，比起初來臺灣時毫不遜色，這和張先生運動有關。因爲張先生住大直後山海軍眷舍八年，眷舍右上方有一大片白色天主教公墓，諸事不順，公家宿舍小，又當西曬，張先生靠稿費維持七口之家和五個子女的教育費。三伏天右手墊塡著毛巾，背後電扇長吹，三年下來，得了風濕病，手都舉不起來，花了不少錢都未治好。後來章斗航教授告訴張先生，圓山飯店前五百完人塚廣場上，有一位山西省主席閻錫山的保鑣王延年先生在教太極拳，勸張先生天一亮就趕到那裡學拳，一定可以治好。張先生一向從善如流，第二天清早就向王延年先生報名請教，王先生有教無類，收張先生這個年已四十的學生，王先生先不教拳，只教基本軟身功攀腿，卻受益非淺。

四、耿直的公務員性格

張先生任職時向來是「不在其位，不謀其政」。後來升簡任一級組長，有一位「地下律師」的專員，平時鑽研六法全書，混吃混喝，與西門町混混都有來往，他的前任為大畫家齊白石女婿，平日公私不分，是非不明，借錢不還，沒有口德，人緣太差，又常約那位「地下律師」專員到家中打牌。那專員平日不簽到，甚至將簽到簿撕毀他都不哼一聲，因爲爲他多報年齡，屆齡退休時想更改年齡，但是得罪人太多，金錢方面更不清楚，所以不准再改年齡，組長由張先生繼任。

張先生第一次主持組務會報時，那位地下律師就在會報中攻擊圖書科長，張先生立即申斥，並宣佈記過。簽報上去處長都不敢得罪那地下律師，又說這是小事，想馬虎過去，張先生以秘書處名譽紀律爲重，非記過不可，讓他去法院告張先生好了。何宜武祕書長是學法的，他看了張先生簽呈同意記過，那位地下律師「專員」不但不敢告，只暗中找一位不明事理的國大「代表」來找張先生的麻煩。因事先有人告訴他，張先生完全不理那位代表，他站在張先生辦公室門口不敢進來，幾分鐘後悄然而退。人不怕鬼，鬼就怕人。諺云：「一正壓三邪」，這是經驗之談。直到張先生退休，那位專員都不敢惹事生非，西門町流氓也沒有找張先生的麻煩，當年的代表十之八九已上「西天」，張先生活到九十二歲還走路「行如風」，一坐到書桌，能連續寫作四、五小時而不倦，不然張先生怎麼能在兩岸出版約三千萬字的作品？

原載新文豐《紮根台灣六十年》，墨人民國一百年十一月十三日校正）

墨人博士作品全集

文學是千秋慧業
秦皇漢武今何在
李白杜甫仍風流

全集共分四大類
一散文類 二小說類
三文學理論類
四新詩古典詩詞類

我出生於一個「萬般皆下品，惟有讀書高」的傳統文化家庭，且深受佛家思想影響，因祖母信佛，兩個姑母先後出家，大姑母是帶著賠嫁的錢購買依山傍水風景很好，上名山廬山的必經之地的「天后宮」出家的，小姑母的廟則在鬧中取靜的市區。我是父母求神拜佛後出生的男子，並寄名佛下，乳名聖保，上有二姊下有一妹都夭折了，在那個重男輕女的時代！我自然水漲船高了。我記得四、五歲時一位面目清秀，三十來歲文質彬彬的李瞎子替我算命，母親問李瞎子，我的命根穩不穩？能不能養大成人？李瞎子說我十歲行運，幼年難免多病，可以養大成人，但是會遠走高飛。母親聽了憂喜交集，在那個時代不但妻以夫貴。也以子貴，有兒子在身邊就多了一層保障。母親的心理壓力很大，李瞎子的「遠走高飛」那句話可不是一句好話。

到現在八十多年了，我還記得十分清楚。母親暗自憂心。何況科舉已經廢了，不必「進京趕考」，更不會「當兵吃糧」，安安穩穩作個太平紳士或是教書先生不是很好嗎？我們張家又是大族，人多勢眾，不會受人欺侮，何況二伯父的話此法律更有權威，人人敬仰，去外地「打流」又有什麼好處？因此我剛滿六歲就正式拜孔夫子入學啓蒙，從《三字經》、《百家姓》、《千字文》、《千家詩》、《論語》、《大學》、《中庸》……《孟子》、《詩經》、《左傳》讀完了都要整本背，在十幾位學生中，也只有我一人能背，我背書如唱歌，窗外還有人偷聽，他們實在缺少娛樂。除了我父親下雨天會吹吹笛子、簫，消遣之外，沒有別的娛樂，我自幼歡喜絲竹之音，但是很少聽到。讀書的人也只有我們三房、二房兩兄弟，二伯父在城裡當紳士，偶爾下鄉排難解紛，他是一族之長，更受人尊敬，因爲他大公無私，又有一百八十公分左右的身高，眉眼自有威嚴，能言善道，他的話比法律更有效力，加之民性純樸，真是「夜不閉戶，道不失遺」。只有「夏都」廬山才有這麼好的治安。我十二歲前就讀完了四書、詩經、左傳、千家詩。我最喜歡的是《千家詩》和《詩經》。

關關雎鳩，在河之洲，

窈窕淑女，君子好逑。

我覺得這種詩和講話差不多，可是更有韻味。我就喜歡這個調調。《千家詩》我也喜歡，我背得更熟。開頭那首七言絕句詩就很好懂：

雲淡風清近午天，傍花隨柳過前川。

時人不識余心樂，將謂偷閒學少年。

老師不會作詩，也不講解，只教學生背，我覺得這種詩和講話差不多，但是更有韻味。我也了解大意，我以讀書爲樂，不以爲苦。這時老師方教我四聲平仄，他所知也止於此。

我也喜歡《詩經》，這是中國最古老的詩歌文學，是集中國北方詩歌的大成。可惜三千多首被孔子刪得只剩三百首。孔子的目的是：「詩三百，一言以蔽之，曰思無邪。」孔老夫子將《詩經》當作教條。詩是人的思想情感的自然流露，是最可以表現人性的。先民質樸，孔子既然知道「食色性也」，對先民的集體創作的詩歌就不必要求太嚴，以免喪失許多文學遺產和地域特性。楚辭和詩經不同，就是地域特性和風俗民情的不同。文學藝術不是求其同，而是求其異。這樣才會多彩多姿。文學不應成爲政治工具，但可以移風易俗，亦可淨化人心。我十二歲以前所受的基礎教育，獲益良多，但也出現了一大危機，沒有老師能再教下玄。幸而有一位年近二十歲的姓王的學生在廬山一未立案的國學院求學，他問我想不想去？我自然想去，但廬山夏涼，冬天太冷，父親知道我的心意，並不反對，他對新式的人手是刀尺的教育沒有興趣，我便在飄雪的寒冬同姓王的爬上廬山，我生在平原，這是第一次爬上高山。

在廬山我有幸遇到一位湖南岳陽籍的閻毅字任之的好老師，他只有三十二歲，飽讀詩書，與民國初期的江西大詩人散原老人唱和，他的王字也寫的好。有一天他要六七十位年齡大小不一的學生各寫一首絕句給他看，我寫了一首五絕交上去，廬山松樹不少，我生在平原是看不到松樹的，我是即景生情，信手寫來，想不到閻老師特別將我從大教室調到他的書房去，在他右邊靠牆壁另加一桌一椅，教我讀書寫字，並且將我的名字「熹」改爲「熙」，視我如子。原來是他很欣賞我那首五絕中的「疏松月影亂」這一句。我只有十二歲，不懂人情世故，也不了解他的深意。時任漢口市長張群的侄子張繼文還小我一歲，卻是個天不怕、地不怕的小太保，江西省主席熊式輝的兩個小舅子大我幾歲，閻老師的侄子卻高齡二十八歲。學歷也很懸殊，有上過大學的、高中的，多是對國學有興趣，支持學校的袞袞諸公也都是有心人士，新式學校教育日漸西化，國粹將難傳承，所以創辦了這樣一個尙未立案的國學院，也未大張旗鼓正式掛牌招生，但聞風而至的要人子弟不少，校方也本著「有教無類」的原則施教，閻老師也是義務施教，他與隱居廬山的要人嚴立三先生也有交往。（抗日戰爭一開始嚴立三即出山任湖北省主席，諸閻老師任省政府秘書，此是後話。）同學中權貴子弟亦多，我雖不是當代權貴子弟，但九江先組玉公以提督將軍身分抵抗蒙古騎兵入侵雁門關戰死東昌(雁門關內北京以西縣名，一九九〇年我應邀訪問大陸四十天時去過。)而封河間王；其子輔公。以進士身分出仕，後亦應昭領兵三定交趾而封定興王；其子貞公亦有兵權，因受政客讒害而自嘉定謫居潯陽。大詩人白居易亦曾謫爲江州司馬，我另一筆名即用江州司馬。我是黃帝第五子揮的後裔，他因善造弓箭而賜姓張。遠祖張良是推薦韓信爲劉邦擊敗楚霸王項羽的漢初三傑之首。他有知人之明，深知劉邦可以共患難，不能共安樂，所以悄然引退，作逍遙遊，不像韓信爲劉邦拼命打天下，立下汗馬功勞，雖封三齊王卻死於未央宮呂后之手。這就是不知進退的後果。我很敬佩張良這位遠祖，抗日戰爭初期（一九三八）我爲不作「亡國奴」，即輾轉赴臨時首都武昌以優異成績考取軍校，一位落榜的姓熊的同學帶我們過江去漢口。中共未公開招生的「抗日大學」（當時國共合作抗日，中共在漢口以「抗大」名義吸收人才。）辦事處參觀，接待我們的是一位讀完大學二年級才貌雙全，口才奇佳的女生獨對我說負責保送我免試進「抗大」一期，因未提其他同學，我不去。一年後我又在軍校提前一個月畢業，因我又考取陪都重慶中央政府培養高級軍政幹部的中央訓練團，而特設的新聞「新聞研究班」第一期，與我同期的有爲新詩奉獻心力的覃子豪兄（可惜五十二歲早逝）和中央社東京分社主任兼國際記者協會主席的李嘉兄。他在我訪問東京時曾與我合影留念，並親贈我精裝《日本專欄》三本。他七十歲時過世，這兩張照片我都編入「全集」一百九十多萬字的空前大長篇小說（紅塵）照片類中。而今在台同學只有兩位了。

民國二十八年（一九三九）九月我以軍官、記者雙重身分，奉派到第三戰區最前線的第三十二集團軍上官雲相總部所在地，唐宋八大家之一，又是大政治家王安石，尊稱王荊公的家鄉臨川，（屬撫州市）作軍事記者，時年十九歲，因第一篇戰地特寫《臨川新貌》經第三戰區長官都主辦的行銷甚廣的《前線日報》發表，隨即由淪陷區上海市美國人經營的《大美晚報》轉載，而轉爲文學創作，因我已意識到新聞性的作品易成「明日黃花」，文學創作則可大可久，我爲了寫大長篇《紅塵》、六十四歲時就請求提前退休，學法出身的秘書長何宜武先生大惑不解，他對我說：

「別人想幹你這個工作我都不給他，你爲什麼要退？」我幹了十幾年他只知道我是個奉公守法的張萬熙，不知道我是「作家」墨人，有一次國立師範大學校長劉真先生告訴他張萬熙就是墨人，劉校長看了我在當時的「中國時報」發表的幾篇有關中國文化的理論文章，他希望我繼續寫。劉校長真是有心人。沒想到他在何宜武秘書長面前過獎，使我不能提前退休，要我幹到六十五歲多四個月才退了下來。現在事隔二十多年我才提這件事。鼎盛時期的（台灣新生報）連載四年多的拙作《紅塵》出版前三冊時就同時獲得新聞局著作金鼎獎和嘉新文化基金會「優良著作獎」，劉真校長也是嘉新文化基金會的評審委員之一，他一定也是投贊成票的。「世有伯樂而後有千里馬」。我九十二歲了，現在經濟雖不景氣，但我還是重讀重校了拙作「全集」我一向只問耕耘不問收穫，我歷任軍、公、教三種性質不同的職務，經過重重考核關卡，寫作七十三年，經過編者的考核更多，我自己從來不辦出版社。我重視分工合作。我頭腦清醒，是非分明，歷史人物中我更敬佩遠祖張良，不是劉邦。張良的進退自如我更歎服。在政治角力場中要保持頭腦清醒，人性尊嚴並非易事。我們張姓歷代名人甚多，我對遠祖張良的進退自如尤爲歎服，因此我將民國四十年在台灣出生的幼子依譜序取名選良。他早年留美取得化學工程博士學位，雖有獎學金，但生活仍然艱苦，美國地方大，出入非有汽車不可，這就不是獎學金所能應付的，我不能不額外支持，他取得化學工程博士學位與取得材料科學碩士學位的媳婦蔡傳惠雙雙回台北探親，且各有所成，幼子曾研究生產了飛機太空船用的抗高溫的纖維，媳婦則是一家公司的經理，下屬多是白人，兩孫亦各有專長，在台北出生的長孫是美國南加州大學的電機碩士，在經濟不景氣中亦獲任工程師，我不要第三代走這條文學小徑，是現實客觀環境的教訓，我何必讓第三代跟我一樣忍受生活的煎熬，這會使有文學良心的人精神崩潰的。我因經常運動，又吃全素二十多年，九十二歲還能連寫四、五小時而不倦。我寫作了七十多年，也苦中有樂，但心臟強，又無高血壓，一是得天獨厚，二是生活自我節制，我到現在血壓還是60—**110**之間，沒有變動，寫作也少戴老花眼鏡，走路仍然「行如風」，十分輕快，我在國民大會主編《憲政思潮》十八年，看到不少在大陸選出來的老代表，走路兩腳在地上蹉跎，這就來日不多了。個人的健康與否看他走路就可以判斷，作家寫作如在八十歲以後還不戴老花眼鏡，沒有高血壓，長命百歲絕無問題。如再能看輕名利，不在意得失，自然是仙翁了。健康長壽對任何人都很重要，對詩人作家更重要。

一九九〇年我七十歲應邀訪問大陸四十天作「文學之旅」時，首站北京，我先看望已九十高齡的老前輩散文作家，大家閨秀型的風範，平易近人，不慍不火的冰心，她也「勞改」過，但仍心平氣和。本來我也想看看老舍，但老舍已投湖而死，他的公子舒乙是中國現代文學館的副館長，他也出面接待我，還送了我一本他編寫的《老舍之死》，隨後又出席了北京詩人作家與我的座談會，參加七十賤辰的慶生宴，彈指之間卻已二十多年了。我訪問大陸四十天，次年即由台北「文史哲出版社」出版照片文字俱備的四二五頁的《大陸文學之旅》。不虛此行。大陸文友看了這本書的無不驚異，他們想不到我七十一高齡還有這樣的快筆，而又公正詳實。他們不知我行前的準備工作花了多少時間，也不知道我一開筆就很快。

我拜會的第二位是跌斷了右臂的詩人艾青，他住協和醫院，我們一見如故，他是浙江金華人，卻體格高大，性情直爽如燕趙之士，完全不像南方金華人。我們一見面他就緊握著我的手不放，侃侃而談，我不知道他編《詩刊》時選過我的新詩。在此之前我交往過的詩人作家不少，沒有像他如此豪放真誠，我告別時他突然放聲大哭，陪我去看他的北京新華社社長族侄張選國先生，陪我四十天作《大陸文學之旅》的廣州電視台深圳站站長高麗華女士，文字攝影記者譚海屏先生等多人，不但我為艾青感傷，陪同我去看艾青的人也心有戚戚焉，所幸他去世後安葬在八寶山中共要人公墓，他是大陸唯一的詩人作家有此殊榮。台灣單身詩人同上校軍文黃仲琮先生，死後屍臭才有人知道，他小我二歲，如我不生前買好八坪墓地，連子女也只好將我兩老草草火化，這是與我共患難一生的老伴死也不甘心的，抗日戰爭時她父親就是我單獨送上江西南城北門外義山土葬的。這是中國人「入土為安」的共識。也許有讀者會問這和文學創作有什麼關係？但文學創作不是單純的文字工作，而是作者整個文化觀、文學觀，人生觀的具體表現，不可分離。詩人作家不能「瞎子摸象」，還要有「舉一反三」的能力。我做人很低調。寫作也不唱高調，但也會作不平之鳴、仗義直言。我不鄉愿，我重視一步一個腳印，「打高空」可以譁眾邀寵於一時，但「旁觀者清」，讀者中藏龍臥虎，那些不輕易表態的多是高人。高人一旦直言不隱，會使洋洋自得者現出原形。作品一旦公諸於世，一切後果都要由作者自己負責，這也是天經地義的事。

我寫作七十多年無功無祿，我因熬夜寫作頭暈住馬偕醫院一個星期也沒有人知道，更不像大陸的當代作家、詩人是有給制，有同教授的待過，而稿費、版稅都歸作者所有。依據民國九十八年一月十日「中國時報」A十四版「二〇〇八年中國作家富豪榜單」二十五名收入人民幣的數字統計，第一高的郭敬明一年是一千三百萬人民幣，第二名鄭淵潔是一千一百萬人民幣，第三名楊紅櫻是九百八十萬人民幣。最少的第二十五名的李西閩也有一百萬人民幣，以人民幣與台幣最近的匯率近一比四•五而言，現在大陸作家一年的收入就如此之多，是我一九九〇年應邀訪問大陸四十天作文學之旅時所未想像到的，而現在的台灣作家與我年紀相近的二十年前即已停筆，原因之一是發表出版兩難，二是年齡太大了。民國九十八年（二〇〇九）以前就有張漱菡（本名欣禾）、尹雪曼、劉枋、王書川、艾雯、嚴友梅六位去世，嚴友梅還小我四、五歲，小我兩歲的小說家楊念慈則行動不便，鬍鬚相當長，可以賣老了。我托天佑，又自我節制，二十多年來吃全素，又未停止運動，也未停筆，最近在台北榮民總醫院驗血檢查，健康正常。我也有我的養生之道，每天吃枸杞子明目，吃南瓜子抑制攝護腺肥大，多走路、少坐車，伏案寫作四、五小時而不疲倦，此非一日之功。

民國九十八（二〇〇九）己丑，是我來台六十周年，這六十年來只搬過兩次家，第一次從左營搬到台北大直海軍眷舍，在那一大片天主教白色公墓之下，我原先不重視風水，也無錢自購住宅，想不到鄰居的子女有得神經病的，有在金門車禍死亡的，大人有坐牢的，有槍斃的，也有得神經病的，我退役養雞也賠光了過去稿費的積蓄，讀台大外文系的大兒子也生病，我則諸事不順，直到搬到大屯山下坐北朝南的兩層樓的獨門獨院自宅後，自然諸事順遂，我退休後更能安心寫作，遠離台北市區，真是「市遠無兼味，地僻客來稀。」同里鄰的多是市井小民，但治安很好，誰也不知道我是爬格子的，連警察先生也不光顧舍下，除了近十年常有人打電話來騙我，幸未上大當外，我安心過自己的生活。當年「移民潮」去不了美國的也會去加拿大，我是「美國人」的祖父，我不移民美國，更別說去加拿大了。娑婆世界無常，早年即移民美國的琦君（本名潘希真）、彭歌，最後還是回到台灣來了，這不能說台灣是「天堂」，以我的體驗而言是台北市氣候宜人，夏天三十四度以上的日子少，冬天十度以下的日子也很少，老年人更不能適應零度以下的氣溫，我只有冬天上大屯山、七星山頂才能見雪。有高血壓、心臟病的老人更不能適應。我不想做美國公民，做台灣平民六十多年，也沒有自卑感。

娑婆世界是一個無常的世界，天有不測風雲，人有旦夕禍福，老子早說過：「福兮禍所倚，禍兮福所伏。」禍福無門，唯人自招。我一生不起歪念，更不損人利己，與人爲善。雖常吃暗虧，只當作上了一課。這個花花世界是我學不完的大教室，萬丈紅塵其中也有黑洞，我心存善念，更不造文字孽，不投機取巧，不違背良知，蒼天自有公斷，我本著文學良心寫作，盡其在我而已，讀者是最好的裁判。

民國一〇〇年（二〇一一）辛卯七月二十九日下午六時二十三分於紅塵寄廬

1951 年墨人 31 歲與夫人曾麗春女士（30 歲）結婚十周年紀念合影於左營

墨人博士七十壽辰與夫人曾麗春女士合影。此照為大翻譯家、文學理論家黃文範先生所攝，並在照片背後題「南山北海惟仁者壽」。

民國二十九年(1940)作者
墨人在江西南城戎裝照。

1939 年墨人即自戰時陪都四川重慶奉派至江西臨川王安石家鄉，第三戰區前線任軍事記者創辦軍報，提供抗日官兵精神食糧。時年 19 歲。

2010 年「五四」作者墨人 91 歲在花蓮和南寺家人合影

2003 年 8 月 26 日作者墨人（中）在含鄱口觀山景點與作者長女韻華、長子選翰、三女韻湘、二女韻真合影。

2005 年 2 月作者次子選良（右一）回台北與父（右二）及作者夫人（中）三女韻湘（左二）二女韻真（左一）合影。

作者墨人在書房留影，時年八十五歲。

《墨人博士大長篇小說〈紅塵〉法文譯本封面照片》

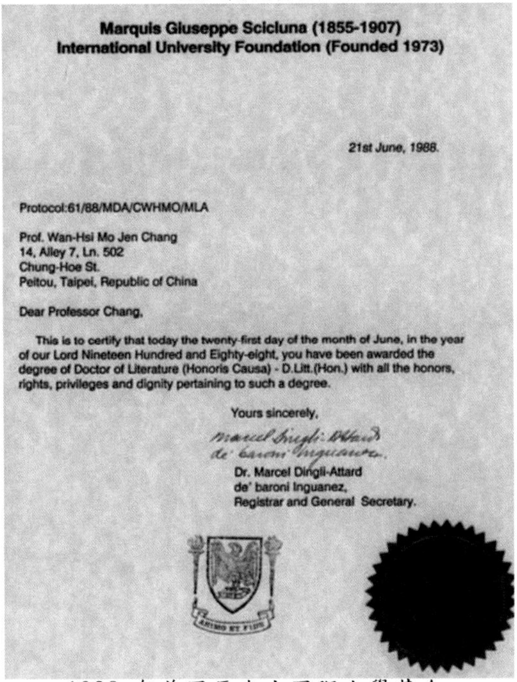

Marquis Giuseppe Scicluna (1855-1907)
International University Foundation (Founded 1973)

21st June, 1988.

Protocol:61/88/MDA/CWHMO/MLA

Prof. Wan-Hsi Mo Jen Chang
14, Alley 7, Ln. 502
Chung-Hoe St.
Peitou, Taipei, Republic of China

Dear Professor Chang,

This is to certify that today the twenty-first day of the month of June, in the year of our Lord Nineteen Hundred and Eighty-eight, you have been awarded the degree of Doctor of Literature (Honoris Causa) - D.Litt.(Hon.) with all the honors, rights, privileges and dignity pertaining to such a degree.

Yours sincerely,

Dr. Marcel Dingli-Attard
de' baroni Inguanez,
Registrar and General Secretary.

1988 年美國馬奎士國際大學基金會，授予張萬熙墨人教授榮譽文學博士學位證書。

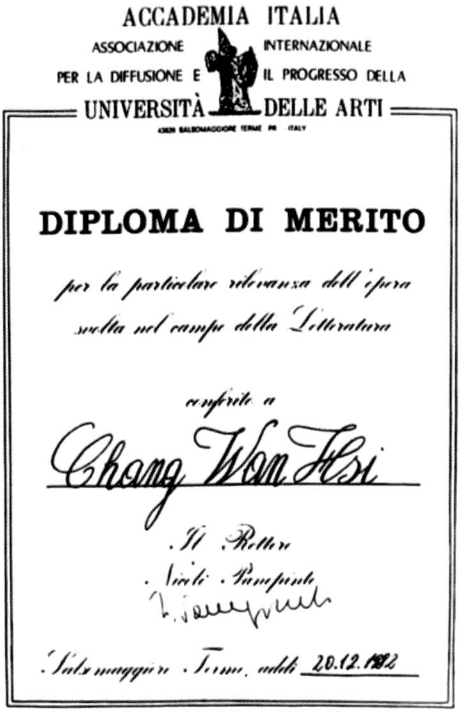

ACCADEMIA ITALIA
ASSOCIAZIONE INTERNAZIONALE
PER LA DIFFUSIONE E IL PROGRESSO DELLA
UNIVERSITÀ DELLE ARTI

DIPLOMA DI MERITO

per la particolare rilevanza dell'opera svolta nel campo della Letteratura

conferito a

Chang Wan Hsi

Il Rettore
Nicola Pampinta

Salsomaggiore Terme, addì 20.12.1982

義大利出版英、法、德、義四種文字的「國際文學史」的 ACCADEMIA ITALIA, 1982 年授予墨人的文學功績證書。

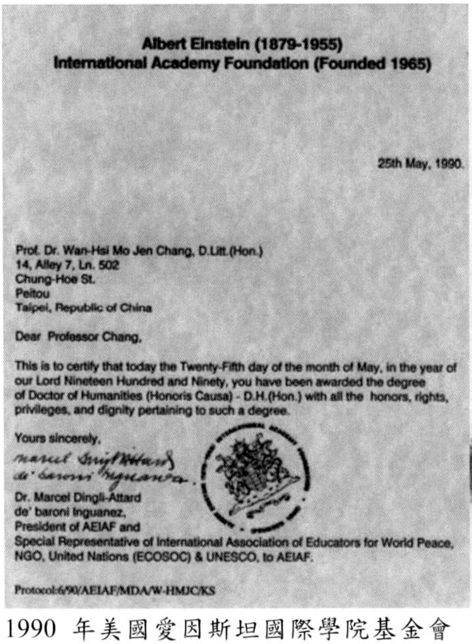

Albert Einstein (1879-1955)
International Academy Foundation (Founded 1965)

25th May, 1990.

Prof. Dr. Wan-Hsi Mo Jen Chang, D.Litt.(Hon.)
14, Alley 7, Ln. 502
Chung-Hoe St.
Peitou
Taipei, Republic of China

Dear Professor Chang,

This is to certify that today the Twenty-Fifth day of the month of May, in the year of our Lord Nineteen Hundred and Ninety, you have been awarded the degree of Doctor of Humanities (Honoris Causa) - D.H.(Hon.) with all the honors, rights, privileges, and dignity pertaining to such a degree.

Yours sincerely,

Dr. Marcel Dingli-Attard
de' baroni Inguanez,
President of AEIAF and
Special Representative of International Association of Educators for World Peace, NGO, United Nations (ECOSOC) & UNESCO, to AEIAF.

Protocol:6/90/AEIAF/MDA/W-HMJC/KS

1990 年美國愛因斯坦國際學院基金會授予張萬熙墨人教授榮譽人文學（含哲學文學藝術語言四種）博士學位

WORLD UNIVERSITY ROUNDTABLE
In Corporate Affiliation with the World University

Greetings

In recognition of Distinguished Achievement within the principles and purposes of the World University development, the Trustees of the Corporation, upon the nomination of the Secretariat, confer doctoral membership and this honorary award upon

Chang Wan-Hsi (Mo Jen)

The Cultural Doctorate in Literature

with all rights and privileges there to pertaining.

Witness our hand and seal at the International Secretariat Regional Campus, Benson, Arizona April 17, 1989

President of the Board of Trustees

Secretary of the Board of Trustees

1989 年美國世界大學授予張萬熙墨人榮譽文學博士學位，文化大學創辦人張其昀（曉峰）先生亦獲此榮譽。

THIS
PICTORIAL
TESTIMONIAL
OF ACHIEVEMENT
AND DISTINCTION
proclaims throughout the world that

DR. CHANG WAN-HSI (MO JEN)
is the recipient of the above-mentioned Honour
granted by the Board of Editors of the

2000 OUTSTANDING SCHOLARS
OF THE
20TH CENTURY

meeting in Cambridge, England, on the date set out below,
AND that the Board also resolves that a portrait photograph of
DR. CHANG WAN-HSI (MO JEN)
be attached to this Testimonial as verification
of the Honour bestowed.

2000 OUTSTANDING SCHOLARS OF THE 20TH CENTURY
First Edition
Signed and sealed on the
14th December 1999
Authorized Officer

1999 年 10 月張萬熙墨人博士榮登英國劍橋國際傳記中心《二十世二千位傑出學者》第一版證書。

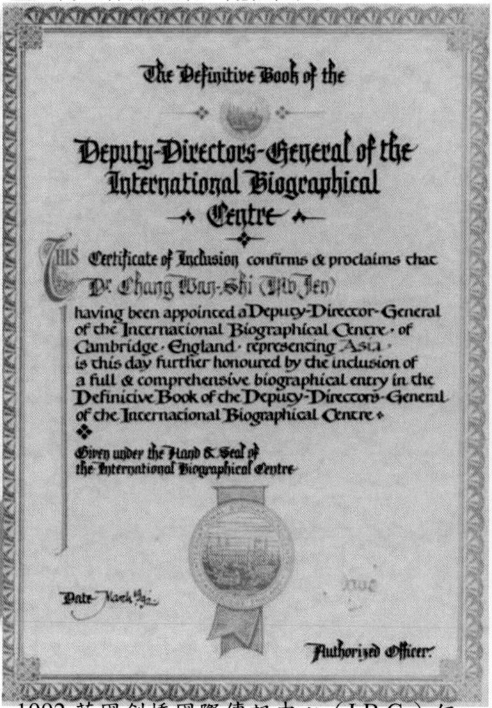

The Definitive Book of the
Deputy-Directors-General of the
International Biographical
Centre

THIS Certificate of Inclusion confirms & proclaims that
Dr. Chang Wan-Shi (Mo Jen)
having been appointed a Deputy-Director-General
of the International Biographical Centre · of
Cambridge · England · representing Asia ·
is this day further honoured by the inclusion of
a full & comprehensive biographical entry in the
Definitive Book of the Deputy-Directors-General
of the International Biographical Centre ·

Given under the Hand & Seal of
the International Biographical Centre

Date March 1992
Authorized Officer

1992 英國劍橋國際傳記中心（I.B.C.）任張萬熙墨人博士為代表亞洲的副總裁。

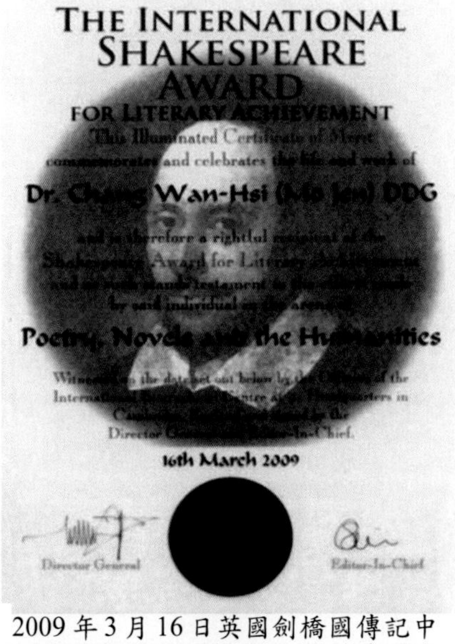

THE INTERNATIONAL
SHAKESPEARE
AWARD
FOR LITERARY ACHIEVEMENT
This Illuminated Certificate of Merit
commemorates and celebrates the life and work of
Dr. Chang Wan-Hsi (Mo Jen) DDG
and is therefore a rightful recipient of the
Shakespeare Award for Literary Achievement
and as such stands testament to the achievements
by said individual in the arenas of
Poetry, Novels and the Humanities
Witnessed on the date set out below by the Officers of the
International Biographical Centre at its Headquarters in
Cambridge, England and signed by the
Director General and Editor-In-Chief.
16th March 2009
Director General
Editor-In-Chief

2009 年 3 月 16 日英國劍橋國傳記中心總裁與總編輯聯合授予張萬熙墨人博士國際莎士比亞文學成就獎。

International Biographical Centre Cambridge CB2 3QP England
Telephone: +44 (0) 1353 646600 Facsimile: +44 (0) 1353 646601

IBC

REF : LAA/MED/MW-13640

13 November 2002

Dr Chang Wan-Hsi (Mo Jen) DDG
14 Alley 7, Lane 502
Chung Ho Street
Peitou
Taipei
Taiwan

Dear Dr Chang

Please find enclosed the Medal in respect of the **Lifetime Achievement Award** which I hope meets with your approval.

Yours sincerely

M Whitehall

MICHELLE WHITEHALL
Personal Assistant to the Director General

Enc

英國劍橋國傳記中心(I.B.C.) 2002 年頒發詩人作家張萬熙（墨人）博士終身成就獎，英文信及金牌正反面照片墨人早年即被 I.B.C.推選為副總裁。

亂世佳人

目次

自序

四十五年底，我從左營來到台北，起初幾年，天天忙着上班下班，連在交通車上所費的時間，每天總在十小時以上；退役以後，原希望建立一點經濟基礎，安心寫作，養了兩三年鷄，時間精力完全浪費在鷄的身上；隨後又籌辦函校，時間精力亦浪費不少。這五六年中，是一個歉收時期。

前年底，我痛下決心，不再作謀殺時間的事，專心寫作，雖然每天只寫五六小時，但一年下來，約略統計，竟寫了上百萬字。其中除了一個長篇「白雪青山」之外，絕大多數是短篇小說。因爲短篇需時不太多，隨寫隨發表，雖然救不了窮，倒可以救得急。可是剪稿太多，保存不易，因此我才想到出版。

第一個短篇集是「花嫁」，六月十日在香港出版。這裡面選了「教師爺」，「劉二爹」，「二媽」，「異鄉人」，「古寺心聲」，「花嫁」，「南海屠鮫」，「心聲淚影」，「高山曲」，「誘惑」，「隱情」，「美珠」，「新苗」，「扶桑花」等十四個短篇，三百四十五頁。

「水仙花」，「白夢蘭」，「颱風之夜」，「百合花」與長篇「白雪青山」則在台灣出版。這四個短篇小說集一共選了在「華副」，「中副」，「今日世界」，「蕉風」……等海內外刊物發表的「圓房記」，「水仙花」，「黃龍」，「銀杏表嫂」，「天鵝」，「百合花」等及入選維也納納富出版公司編選的世界最佳小說選集的兩個短篇，總共六十多個短篇，七十來萬字。

以上五個短篇集子是從連年所寫的百餘萬字短篇中初選出來的，十之七八是最近一兩年的作品。現在還沒有到出版全集和「代表作」的時候，只能這樣一本一本地呈獻讀者。

最近幾年來，出版家和讀者的興趣，偏重長篇，而報紙和刊物因爲版面和篇幅的關係，又偏重短篇，因此造成短篇出版和發表的不均衡現象。但是站在作者的立場來講，是寧願寫長篇，不願寫短篇的。爲什麼？因爲長篇的題材故事想好之後，可以一直寫下去，從一二十萬字到一百多萬字，都無問題。短篇却不然，麻雀雖小，肝膽俱全，而結構必須比長篇更嚴密，甚少迴旋餘地，一節鬆懈，全篇失敗，文字是一小段一句話也不能浪費的。必須天衣無縫，活龍活現，才能算是一個好的短篇。而短篇題材之難構想，亦非局外人所能想像。以我自已的經驗來講，一個短篇通常要想兩三天才能動筆，有時甚至靠在椅上沉思一個禮拜，還是不能寫一個字，想的時間比寫的時間多。如果題材沒有想好，急着動筆一定失敗，寫上三五千字，仍然得把它丟掉，另起爐灶，結果徒然浪費時間。朋友中還有不少人認爲我是快手，但不大知道此中艱苦。目前一個短篇，最多只能寫兩萬字，再長就會影響發表。寫完一個必須另換一個，想不出來就是「江郎才盡」。一千塊錢一千字的稿費也只能望之興嘆。這件事殘酷而又公平，誰也幫不了忙，而我的短篇都是在這種殘酷公平的情形之下產生的。

寫短篇既然如此艱苦，我爲什麼不專寫長篇？這理由很簡單，我的經濟情況不容許我這麼作。一個二三十萬字的長篇，得寫三四個月。從前一個月寫一個長篇不算稀奇，現在我不會讓它走得那麼快，我要考慮更多的東西，一句對話有時就得想一兩個鐘頭。我現在是早晨栽樹，晚上就要乘陰，「白雪青山」之能完成就是得力於這些短篇。假如我手邊有幾萬元的生活基金，那部四年前就開始了的一百多萬字的長篇[redacted]已經完成，決不致於寫了五十多萬字中途停擺。幾年前我決心養鷄，就是爲了想在深山古廟安安靜靜地完成這部著作，結果反而把我過去積的一點稿費賠光，還得負債。這一年多靠寫短篇才挺了下來。

寫作本來是一件非常艱苦的工作，賣大力賺小錢，甚至不討好，因此聰明人都不願走這條路。我既不會做官，又不會做生意，只好走這條死衕子。別人視爲畏途，引以爲苦，我却「樂此不疲」。好在老天待我不算太薄，我的身體還經得起煎熬，如果核子彈不在我頭上爆炸，我相信還可以寫三四十年。過去爲五斗米浪費了太多的時間精力，今後要彌補起來。已往業餘寫作了二十多年，只有最近這一年多專心寫作，內心感到極爲充實愉快。能夠獻給讀者這點微不足道的禮物，總算沒有白白糟蹋五穀糧食。

最後我要特別感謝許多愛護我的，賜寄剪稿的讀者。

墨人

五十三年六月臺北大直

斷一夢

我是一個不愛交遊的人，也沒有八面玲瓏的處世功夫，像我這樣的人只合隱居深山，遺世獨立；我也眞的在深山古廟裡隱居了幾年，醫療我心頭的創傷，我像一個掛單和尙，在這所廟裡住上一年半載，又上那所廟裡再住一年半載，我之所以從這所廟住到那所廟，並不是講經說法，而是因爲拖欠了住宿費被住持攆了出來。好在臺灣的廟宇住持不像大陸的那樣，非出家人不能掛單，在臺灣只要能繳得起住宿費，住持是會允許你掛單的，如果你有一兩位佛敎中的朋友介紹，那就更方便了。我雖然衣食不周，可是佛敎中的居士和尙朋友倒有幾個，因此我得到這點方便。不過住了一個時期之後我還是不得不到城市來討生活，因爲我再也繳不起住宿費。和尙吃居士，我這個「居士」自然不好意思白吃和尙了。

當我在城市賺了一點錢，正準備去深山住廟時，却意外地被一位中學時代的同學拖住了！他是一個工商界的紅人，主持了一個新型的展覽會，這種事情對於他是家常便飯，本不足奇，奇的是他竟要我替他搞公共關係！因爲他知道我會寫幾個大字，又幹過幾天新聞工作；另外可能是他一番好意，看看我年近四十，一事無成，窮得要去住廟，或許有「冠蓋滿京華，斯人獨憔悴」之感，所以畀予我這麼一個「要職」。雖經我再三懇辭，他怎麼也不同意，他說交際應酬的事用不着我管，另外有一個不會動筆專會搞公共關係的專家協助我，我只對內，對外的事用不着操心。在他這番盛意之下，我只好勉強答應下來，好在這個展覽會的時間只有三兩個月。

可是我「走馬上任」之後却「事與願違」。那位協助我的副座是隻花脚猫，成天不見人影，不但裡面的事不能幫我半點忙，外面的事也找不到他，我們常常三兩天不見一面，他雖然留了好幾個電話號碼，但我無論打那一個電話都找不到他。可是上面却時刻找我，動筆的事不說，凡是有關交際應酬，服務，接待，統統交給我辦，一天到晚，馬不停蹄，跑上跑下，而我那位學長的助手又是一個假洋鬼子，還有點神經病，實在不好應付。我去的第一天他就從樓上追到樓下要打一位記者，幸好那位記者脾氣好，大家又陪小心，所以第二天才沒有「見報」。

我看這種公共關係實在不好搞，隨時準備「拜拜」，但我那位學長又忙得不亦樂乎，除了公事以外，我們私人簡直沒有說話的機會，我一肚皮的煩惱也只好暫時隱忍下來。

開幕後的第三天，觀衆非常踴躍，除了服務臺上的小姐之外，我也不得不去服務臺接待。下午在進口處站了兩三個鐘頭，已經有點腿痠，晚上的人更多，我又被「迫」到服務臺去，迎接貴賓，引導參觀，作這些使我深惡痛絕的事。

九點多鐘，我正把身子靠着服務臺略事休息時，忽然發現一位穿着棗紅色的大衣，一手提着手提包，一手牽着一位活潑的小女孩的婦人，在人群中拾級而上，態度雍容。當她走上來抬頭向服務臺一看時，我們的目光不期而遇，她怵然一驚，立刻恢復鎮定，雍容地走近服務臺，故意在題名錄上簽了一個名，我一看見「莊淑芳」這三個字，幾乎當場暈倒，她却大方地對我說：

「先生，我想到零售部去買點餐具，請你引我一下好不好？」

我的職務使我不能拒絕，我的窘態也使我不敢在服務臺停留，我怕我的部屬窺破我內心的秘密，現在的女孩子成熟得早，對於這類的事尤其敏感，我便不由自主地帶她走向零售部。

當我們都捲進洶湧的人潮時，她忽然輕輕地問我：

「你是不是雲家？」

我沒有作聲，我在考慮應不應該承認？如果她手上不牽着一個孩子，我可能馬上答覆她了。

她看我不作聲，又望了我一眼，然後悠悠地嘆了一口氣說：

「這眞是一個奇跡！你耳朵邊的那顆黑痣已經說明了一切，我不用再問了。」

我敏感地摸摸耳朵，那裡的確有一顆突出的痣，我不能再否認，我終於掉了兩顆眼淚。

「走，我們找個地方談談。」她把我的袖子輕輕一拉。

我不自主地跟着她走向出口。

會場外面的人很多，男男女女都擠在大門外邊，我奇怪怎麼會有這麼多愛趕熱鬧的人？

我們避開人群，走進一家稻香村小吃店，店面雖小，却很雅致，裡裡外外只有一位半老徐娘照顧。

她的孩子要吃湖州粽子，我却沒有心情吃任何東西，她也不想吃，但老板娘還是替我們端了兩盌花生湯來。

「很多人都說你死了，我也以爲你死了，眞想不到會在這裡碰見你？」她望着我說。

「我也沒有想到還能活着？」我感慨地說：「如果不是朋友拖着我搞什麽鬼的公共關係，也許妳這一輩子都不會碰見我。」

「你不願意見我？」她艾怨地望着我說。

「一切都變了，見也無益。」我望望她的孩子說，本來我做夢也沒有想到會再見到她，但是現在竟意外地遇到了，而且她已經有了這麽大的孩子，這不是徒然增加我們的痛苦？

她發覺我望了她的孩子一眼，不自覺地摸摸孩子的頭，又嘆口氣說：

「世事眞是難料得很，我也想不出來你是怎樣逃過他們的毒手的？」

「說來話長，也許我的苦頭還沒有吃够？」我含蓄地說。我不願再提過去的事，尤其是和她有重大關係的事。我費了幾年功夫才慢慢把那段可怕的事淡忘，甚至想也不敢再想。

但是經不起她再三追問，我只好簡略地告訴她。

「那天晚上我跳牆逃走之後，他們一直追踪我。」我說。

「這我知道。」她點點頭，似乎有點不耐。「我是要你告訴我以後的情形。」

「那天上火車之後，我又發覺有人跟踪我，後來我又擺脫了他們。」我繼續說。

「但是他們騙我說已經把你打死了。」

「有什麽證據？」

「你的帽子，還有你的書。」她說。

「那是我和別人調換的。」我不經意地回答。

「但是帽子上書上都有血跡。」她嚴肅地說。

「哦！」我哦了一聲，我忽然想起那和我長相差不多的高三學生陳明，我心裡突然感到一陣內疚。

「當他把你染着血跡的帽子和書交給我時，我馬上暈了過去。」她的眼圈突然一紅。

「因此妳以爲我眞的死了？」我說。

「你想，我還有什麽希望？」她反問我，同時用手絹擦擦眼淚。

是的，我知道那兩個共產黨的特務要我的命，而當他們打死了「我」之後，自然把我的遺物轉給胡奇那幾個職業學生，於是那幾個職業學生便把那染血的遺物交給她，一方面殺鷄警猴，一方面是要她死了這條心，他們這種用心我是非常瞭解的。

「現在我不是還活着嗎？」我望着她說，我有點自負，也有點酸溜溜的心情。

「我怎麼知道最後還會上他們這麼大的當？」他委屈地說。不錯，最後她還是上了胡奇他們的當，但胡奇他們却沒有想到我臨時會走馬換將，成了漏網之魚。

「那妳又是怎樣逃出來的？」

「不要問我，」她白了我一眼：「你自己的事還沒有講完。」

大致的情形我已經告訴她，那些細節眞的一天一夜也講不完，何況事隔十多年，我一時也不知道從那裡說起，因此我委婉地對她說：

「今天我還有事，改天再詳細告訴妳好不好？」

「你有什麼事？站在服務臺像個 Waiter，你怎麼要幹這種鬼事？」十多年不見面，她仍然是那副直性子。顯然，她對我的若即若離的態度有點不滿。

「本來我也不想幹這種鬼事，但是盛情難却。」我苦笑地回答。

「這以前你幹什麼？」她看了我一眼說。

「我什麼也沒有幹，三年有兩年在和尙廟裡掛單。」

她聽了微微一怔，又重新打量我一眼，悽涼地問：

「你出家了？」

「就是沒有受戒。」

她突然眼圈一紅，滾出兩顆眼淚，又連忙用手絹擦擦，我馬上打岔說：

「妳是怎麼來臺灣的？」

「還不是和別人一樣。」她故意淡淡地回答，她對這個問題顯然不願多提。

我也不想再問她什麼時候結婚這類的問題，因爲那不僅會刺傷她，也會刺傷我。她身邊的孩子已經說明一切，我又何必問她什麼時候結婚？

我不作聲，她也不作聲，我們彷彿兩頭受傷的獸，默默地舐自己的傷口。

他的小女孩子吃完粽子還要吃花生湯，她讓孩子喝了兩口就不許她再喝，我連忙跑到隔壁的糖果店買了一包糖塞在孩子的手裡，孩子很有禮貌地向我一鞠躬說：

「謝謝伯伯。」

我誇獎了孩子兩句，她聽了馬上高興起來，隨後又望了我一眼，悠悠地嘆口氣。

我怕再掉進感情的漩渦，連忙起身告辭，她卻坐着不走，我感到有點爲難，她望了我一眼然後揮揮手說：

「你走好了，不要管我。」

我遲疑了一下，一旋身溜了出來，我彷彿聽見她的頭往小桌上一倒，輕輕地啜泣起來，但是我不敢回頭看她，我硬着心腸走了。

回到服務臺邊，站在圓圈裡的劉小姐對我說：

「組長，主任找你。」

我連忙去看我那位學長，他說會場沒有人照顧，我不該離開，我一聲不響，又回到服務臺邊來。

我的頭腦很亂，眼睛發花，在我面前來來去去的人彷彿幢幢的鬼影，我不知道誰重要誰不重要？也不知道該接待誰？十多年前的舊事却一齊回到眼前來。

二

莊淑芳和我是外文系同學，她是大家公選的校花，追求她的人不知道有多少？因爲她不但生得漂亮，而且她父親有錢又有地位。政治系的老學生胡奇就是追求最熱烈的一個，但他已經三十出頭，所以莊淑芳並不愛他，最後成功的是我，因爲我們年齡不相上下，志趣相投，而且門當戶對。

胡奇因爲競爭失敗，所以非常恨我，起先是破壞，後來就直接打擊我，孤立我，手段非常卑鄙毒辣，他周圍有一批搖旗吶喊的同學，那些同學非常聽他的話，他的話比校長訓導長的話還有力量。慢慢地我才識破他是共產黨的職業學生的頭子，而且知道了他們在當地的最高頭目是什麼人。

有一次他害我記了兩個大過，幾乎開除，我快畢業時他竟來這一手，我氣極了，便不知天高地厚地直接警告他，說要揭穿他們的秘密組織。當天晚上莊淑芳就受到威脅，她要求我不要那樣做，如果我檢舉，不見得會有什麼效果，而她的性命卻有危險，因爲這時局勢已經大變，共黨份子活動更烈，她父親已經接到恐嚇信了。

第二天晚上同學們公演「孔雀膽」，散場之前，莊淑芳突然悄悄地通知我，要我趕快逃走，她說胡奇要趁戲散場人擁擠的時候綁架我，然後加以殺害。我不相信，但她急得頓脚，眼淚直淚，我才知道事態的嚴重。因爲他們有一幫人，我是孤軍作戰。雖然情勢危險，我還是捨不得離開她，我們只差三個月畢業，畢業後就可以結婚了。

她看我遲疑不決又眼淚直流，我也非常難過，禁不住問她：

「那我們的事怎麼辦？」

「只要你活着，我一定嫁你。」她抹抹眼淚說。

她的話使我大爲放心，我用力握握她的手，隨即悄悄地溜出邊門，迅速地翻過圍牆逃走了。我剛剛走到街上，無意中回頭一看，發現有三個人也陸續翻過圍牆，我知道事情不妙，馬上向人多的地方擠，他們也始終跟我若即若離，我知道跟踪我的三個職業學生是胡奇的狗腿子，打架的好手，更不敢大意，專往熱鬧的地方走，最後實在被他們釘得太緊了，我就找個機會躲進警察局，他們便在外面徘徊不去。

警察不肯收容我，問我什麼事？我又不敢直講，因爲莊淑芳還控制在他們手裡。

天亮以後，我乘他們不備時溜了出來，躲進姨父家裡，由我表妹和莊淑芳暗通消息。

時局一天天壞下去，共產黨更囂張了，學校已經操在胡奇那班職業學生和左傾的教授的手裡。

一天，我表妹帶來莊淑芳一張字條，她歪歪倒倒地寫着幾行鉛筆字。

他們怕你洩漏他們的秘密，正在到處找你，快走，走得越遠越好，不然對你非常不利！

我問表妹爲什麼她不和我一道走？表妹說她和我一道走只會壞事，而且她也走不了，因爲她們已經控制了她父親，同時正在利用她父親，她一走，她父親就不能活命。

聽了表妹的話我只好漏夜隻身出走，我決定到廣州去，因爲我姑父在廣州開醫院，政府也剛遷到那裡。

臨走時我什麼也沒有帶，只戴了一頂帽子和一個小提箱，箱裡放了一套換洗的內衣和幾本心愛的書。

上火車很久，我才發現有兩個形跡可疑的人不時注意我，我馬上提高警覺，換了一個位子，在一位和我年齡，面貌，服裝都差不多的青年學生旁邊坐下，當這位學生打盹時，我又悄悄地戴上他的帽子，換了他的書包，然後乘那兩個人一個上廁所，一個被旅客遮住視線時，迅速地轉到另一個車廂，同時用煤烟把臉抹黑。

這一路提心吊膽，忍飢挨餓的情形就不必提了。

到廣州之後，我看到前兩天的報紙，才知道那次火車在衡陽附近發生了綁架的事情，一位青年學生被兩個壯漢在黑夜中拉下火車去打死了，死者的姓名不是別人，正是我。看了這個消息我出了一身冷汗，同時也爲那個替死的高中學生陳明感到內疚，到現在我還保存着他那本簽了名的高三國文。

接着廣州也不穩定，我勸姑父到臺灣來，姑父還罵我神經病。我雖然不承認我有神經病，但我確實害了「恐共病」，共產黨的陰影好像隨時都追隨我，我隨時都會變成第二個陳明，因此我不顧一切地擠上軍隊的差船來到臺灣。

起先我怎樣也忘不了莊淑芳，但後來大陸完全淪陷，我也就絕望了，我以為她一定成了胡奇的俘虜，作了胡奇的太太，眞沒有想到她也來到臺灣。她的丈夫究竟是什麼人呢？是胡奇嗎？我不敢問。

三

第二天晚上七點多鐘，我剛走到服務臺邊，電話就響了起來，劉小姐拿起話筒一聽，歪過頭來望我一眼，向我一笑，把話筒靠在胸前，瞇着眼睛對我說：

「組長，你的電話，要不要接？」

「誰打來的？」我隨便問了一句。

「是一位小姐。」劉小姐抿着嘴一笑。

這十多年來我過的是和尚生活，從來沒有交過一位小姐，我有點奇怪，劉小姐看我遲疑不決，又問了我一句：

「組長要不要接？」

我忽然想起莊淑芳來，也許是她打來的？我馬上把話筒接過來，一聽，果然是她。

她在一家咖啡室等我，要我馬上去，我說有事走不開，她嗔怪地說：

「你有什麼鷄毛蒜皮的事？難道一二十分鐘也抽不出來？」

我只好答應她去，把話筒放下，囑咐了劉小姐幾句，劉小姐向我俏皮地一笑，我也顧不了那麼多了。

一見面她又責怪我幾句，我發覺她沒帶孩子，便搭訕地說：

「小妹妹呢？」

「在家裡。」她淡淡地回答。

「有什麼事嗎？」我又問他。

「見見面也不可以？」她望着我說：「一定要有什麼事？」

我不作聲，我知道她的小姐脾氣。她看我不作聲，又向我溫婉地一笑，彷彿一位女王撫慰臣民一般地笑，這種笑仍和當年在學校那般富有魅力，別人是很難得享受的。

「我眞奇怪，你在臺灣這麼多年，怎麼以前我一次也沒有碰見？」她感慨地說。

「我是一個山野小民，妳怎麼會碰見？」我說：「妳到臺灣來了幾年？」

「我在香港住了三四年，到臺灣也七八年了。」她說。

「妳是在香港結婚的還是在臺灣結婚的？」

「臺灣。」

「妳是怎麼逃出來的？」她昨天沒有明白答覆我，所以我又忍不住問。

她忽然眼睛一紅，黯然地說：

「是我父親用生命和財產作保證的。」

我不敢再問下去，我知道那會有怎樣的後果。

「今天你總應該告訴我你是怎樣死裡逃生的？」她又提出昨天的問題。

我把發現那兩個兇手之後臨機應變的經過告訴了他。

「其實他們已經追踪你好久，你表妹第一次到學校找我時胡奇他們就開始注意，所以你一出走他就派人跟上了，幸好那兩個兇手不是我們學校的職業學生，不然他們也不會殺錯了人。」

聽了她的話我突然打了一個寒噤，我眞是再世爲人了。

「算了，我只當作一場噩夢。」這些年來我已經心灰意冷，同和尙們時常接近也漸漸感覺到四大皆空，連胡奇那傢伙究竟怎樣我也懶得過問了。

她聽了我的話又有點生氣，歪着頭睨着我說：

「你把我們的事也當作一場噩夢？」

她這一問眞使我不知道怎樣回答？我們的愛情本來是純眞的，可是職業學生胡奇却把我們純眞的愛情弄得那麽複雜。她犧牲了家庭，我也幾乎斷送了生命，而結果我們的愛情却像個肥皂泡樣地破滅了。

「你爲什麽不答覆我？」她看我不作聲，又有點不高興。

「火燒烏龜肚裡痛，我怎樣答覆妳？」我說。

她聽了悽然一笑，又用手絹擦擦眼睛：

「你知道我爲你流過多少眼淚？」

我怔怔地望着她，又不知道怎樣回答。

她從容地打開手提包，拿出一本書來，我一眼便認出那是我最喜愛的一本英文原本的「簡愛」，但是那上面多了一些斑斑的血跡和點點的淚痕，我的英文簽名已經被淚水弄糢糊了。

她把書遞給我，我的眼淚禁不住湧了出來。同時對那位替死的學生陳明有更大的歉意。我的書上有莊淑芳的淚和他的血。

「想不到這本書竟欠了兩個人的債！」我嘆了一口氣。

「你不打算還？」她馬上追問一句。

「死了的我無法還，只好請和尙唸經超度；活着的也不知道怎樣還？因爲我本身已經毫無價值。」

「你倒會解脫！」她冷笑一聲，眼圈發紅：「你怎麼也不問問我的生活情形？」

「我想妳的生活一定很好。」

「不錯？」她點點頭，又瞪我一眼：「我吃得好，穿得好，丈夫也好；但這些年來我只愛這本書，現在我把它遺給你，你看我該怎麼辦？」

她的話像在空中揮舞的皮鞭，唰唰地抽在我的心上，我的心一陣陣痙攣，我不敢看她，也不回答，我在作另一個打算。

她看我不作聲，又有點生氣：

「你怎麼這樣瘟？沒有一點讀書時代的傻勁？」

我仍然不作聲，的確，我現在像個瘟生，沒有以前那種傻勁，以前追求她的時候是在千軍萬馬之中橫衝直撞，現在我怕傷害別人，也怕傷害自己，我早已把自己的感情囚禁起來了。

「你記不記得你逃走時我對你講的話？」她看我低頭不語，忽然溫婉地對我說。

我點點頭，我始終記得她那兩句話：

「只要你活着，我一定嫁你。」

她看我點頭便寬慰地一笑，同時把她的手壓在我的手上。

四

我回來之後，馬上向那位學長辭職，他非常驚異地問我：

「你幹得好好的，爲什麼要走？」

「請你原諒我，我有不得不走的苦衷。」

「是不是我有什麼地方對你不起？」他冷靜地說：「我這人就是有點毛毛躁躁的，老同學，別客氣。」

他這樣說我反而有點不好意思，但是我去意堅決，一再懇辭，他搔搔頭皮，又笑着問我：

「你坦白對我講，究竟是怎麼一回事？」

「我決心出家做和尙。」

我的話剛出口，他就哈哈大笑起來，笑過之後又拍拍我的肩說：

「雲家，你的思想太消極，太落伍！你看，」他用手指指窗外如林的高樓，和閃閃爍爍的霓虹燈說：「這世界多有意思？爲什麼要作和尙？」

說完之後又大笑起來。

我被他笑得很窘，連忙解釋：

「我對萬丈紅塵早已沒有興趣，作不作和尚是另一個問題，但目前我急於離開臺北。」

「臺北又沒有落原子彈，你爲什麼急於離開？」他向我一笑。

我知道他這樣扯下去一輩子也扯不清楚，只好把眞實的情形告訴他。

他聽了以後大爲吃驚，把肥手在桌上一拍：

「莊淑芳我很熟，她丈夫王先生是工商界的一位朋友。」

他這一說我也一驚，停了一會之後我試探地問：

「你知道他們夫妻的生活情形？」

「他們的生活很幸福，」他說：「有只聽說王太太很歡喜看小說，尤其是英文原本的「簡愛」，想不到那本書還有這麼曲折的故事？」

他說完之後我接着說：

「我爲什麼要走已經告訴你了，現在我問你，你到底准不准我走？」

他長長地嘆了一口氣：

「我讓你走，不過這太委屈你了。」

「沒有什麼，我已經過慣了清燈古佛的生活，我實在不宜於幹這種工作。」

「我很抱歉，眞不該要你搞公共關係，不然你也不會碰上她的。」

「現在我只求你一件事。」

「什麼事?」

「我的行動千萬請你保守秘密。」

「當然,當然,」他連忙點頭:「爲了他們的幸福我不能不如此。」

隨後他又覺得自己的話有點欠妥,立刻加上一句:

「不過這樣你太委屈。」

「世界上沒有兩全的事,不委屈我就委屈他。」我說。

「雲家,我眞沒有想到你是這樣的人!」他的肥手在我肩上重重一拍。

我黯然地退了出來,又悄悄地搭上十點半南下的快車,我預計第二天上午九點左右可以到達關子嶺碧雲寺。在那裡,古佛淸燈,靑山白雲,將會和我終身作伴,悠悠的歲月也會慢慢地收拾起我這段舊夢的。

黃昏曲

一

開學的第二天，新聘的教員許白蓮才從臺北趕到這個小縣的中學來。她對這個地方完全陌生，只有高三女生王亦芬和她有點牽藤絆葛的關係，她爲了瞭解學校的環境，晚飯後便請王亦芬帶她在校園裡散散步。

這個中學的校園相當大，頗有林園之勝，而且不在市區，沒有煩囂的市聲。王校長十多年來的經營，把這個學校的環境美化得如詩如畫。許白蓮就是聽說這學校的環境幽美，所以才離開臺北那個傷心之地，來到這個偏僻的小縣敎書。

當王亦芬帶她在校園裡走了一會，她便覺得她可以在這地方住下來，慢慢地忘記臺北，忘記那薄倖的庸俗的丈夫，和這些天眞的少女們在一起，她便不需要再結婚了。她對男人有所歉仄，也有所憎恨，她到這裡來就是爲了保持獨身，不再和男人牽扯，但是在臺北那種地方就很難辦到。

暮色蒼茫，整個校園更富有一種朦朧美，這是她在臺北無法領略的一種新的意境。她和王亦芬行行復行行，走到校園裡面一個比較冷僻的角落，那裡有一個小池塘，她看見有一個人坐在池塘邊的石頭上，像是欣賞什麽？又像是在靜坐沉思。她正想問王亦芬那是什麽人？王亦芬却先輕輕地對她說：

「許老師，我們從這條小路繞過去，不要打擾他。」

「爲什麽？」許白蓮也輕輕地問。

「他愛靜。」王亦芬說。

「他是什麽人？」

「方老師。」

「他常常坐在那裡嗎？」

「每天如此，而且是每天的黃昏。」

「那裡有什麽好看的東西嗎？」許白蓮好奇地問。

「沒有什麽，不過是幾朶蓮花。」王亦芬搖搖頭說。

許白蓮淡淡地一笑，又輕輕地說：

「那他不是一個詩人就是一個怪人？」

「別人都說他有神經病。」王亦芬輕輕地一笑。

「他敎書怎樣?」

「敎書倒敎得最好。」王亦芬突然加重語氣說：「他總講得頭頭是道，我就歡喜聽他的課。」

「那他很有學問。」許白蓮笑着說。

「眞的！」王亦芬提高聲音說：「他不但書講得好，作文卷子改得尤其好，經他一指點，我們才知道那一句好，那一句壞。」

「那很難得。」許白蓮讚賞地說。

「可是別的事他一概不管，別的人他也懶得理會。」

「那他怎麽能就得下去?」許白蓮奇怪地問。因爲現在不論幹什麽事，總要懂得一點逢迎。

「因爲他在這裡敎得最久，他又從來不和別人發生衝突。」

「這倒很不容易。」

「還有，」王亦芬搶着說：「很多老師都想幹敎務主任，但是校長拖他幹他都不幹。許老師，你說怪不怪?」

「嗯，的確難得。」許白蓮點點頭。

談話間她們已經繞過了那個小池塘，繞過了方老師。許白蓮回頭望望，他的身影已經模糊。

「他怎麼還不走？」許白蓮問。

「還早得很！」王亦芬說：「有時他會坐到深夜。」

「吓？」許白蓮有點奇怪：「黑夜裡能看見什麼？」

「我不知道，但這還不算稀奇，有時他還會坐在雨裡淋呢！」

「那不會生病？」

「病倒沒有生，可是別人就說他有神經病。」

「我看不是神經病。」許白蓮搖搖頭：「也許有別的原因？」

「可是他從來不和別人談自己的事，連校長也不知道是什麼原因？」

「他結婚沒有？」

「沒有，」王亦芬搖搖頭：「聽說校長給他介紹過，他不肯接受。我們學校裡這麼多女老師，他也不和她們來往。」

「這倒有點奇怪？」許白蓮沉吟地說。依據她的經驗，男人對於女人總是那麼有興趣，只要女人稍假詞色，他們便會得寸進尺，世界上那有不願意和女人來往的單身漢？

她們走着，走着，已經走遍了所有的校園，離方老師已經很遠很遠。

校園的空氣非常清新，晚上的清風不時送來陣陣花香，她們兩人都感到一身舒暢。王亦芬笑着問許白蓮：

「許老師，您覺得我們學校的環境怎樣？」

「很好，很好，」許白蓮連連點頭：「比臺北植物園還要幽靜。」

「所以很多老師來了都不想走，方老師一就就是十幾年。」王亦芬笑着說。

「照妳這樣說我也不想走。」許白蓮說。

「說眞的，我簡直不想畢業。」王亦芬天眞地說。

於是師生兩人輕鬆地一笑。

王亦芬把許白蓮送到教員宿舍門口，說聲「再見」，許白蓮突然叫住她問：

『妳和我談了半天方老師，我還忘記問妳他叫什麽名字？」

「他叫方靳人。」

許白蓮彷彿突然遇到大地震，身子一搖幌，兩手連忙扶住門框。王亦芬連忙趕過去扶她，驚惶地問：

「許老師，您那裡不舒服？要不要請醫生？」

「沒有什麽，」她勉強站住，向王亦芬搖頭一笑：「妳回宿舍去，這是我的老毛病。」

二

許白蓮關緊房門，和衣躺在床上，眼角掛着兩顆淚珠。

這十多年來，她像做了一場夢，夢醒之後才發現自已大錯已經鑄成。

方斬人是她最初的戀人。他們從大陸逃到台北之後，沒有錢，沒有工作，情形非常狼狽，一月二月還可以支撐下去，但時間一久，心情就惡劣起來，愛情到底不是麵，兩人不免吵吵鬧鬧，後來她在一個貿易行裡找到一份工作，他仍然在街頭流浪。恰巧這家貿易行的少東胡開源，年紀和她不相上下，長相也很不壞，她去了不久他便熱烈追求，於是她和方斬人的感情漸漸起了變化。方斬人到貿易行去找她總有人擋駕，有一次竟被胡開源轟了出來，說了很難聽的話，兩人幾乎打架。方斬人一氣之下，寫了一封信給她，約她去植物園談判，她去了。

方斬人人窮氣短，又受了胡開源的侮辱，所以一見面就責怪她移情別戀，她也年輕氣盛，沒有好氣地問他：

「你是找我來談話還是找我來吵架?」

「人家有錢有勢，我有什麼資格找妳談話?」他譏諷地回答。

她氣得把頭一扭，大步走開。他却大叫一聲：

「站住！」

「你要幹什麼？」她旋轉身來冷峻地問他。

「我問妳，妳到底打算怎樣！」他大聲地問她。

「你說怎樣就怎樣！」她也大聲地回答。

「妳不要脚踏兩邊船，我要妳在我和那個小開之間作一個選擇！」

「吃飯要緊！我不考慮這件事。」

「我一定要妳明白答覆我！」他堅決地說。

「你不要逼人太甚！」

「我不能再受人奚落！」

「誰叫你常常跑過去？」

「妳不在那裡我就不過去！」

「你過去會影響我的工作！」

「不要再用工作做擋箭牌！」他大叫起來：「我問妳：妳到底是要他，還是要我？」

「要他！」她大聲地回答。

他像一頭受傷的猛獸，怒吼一聲衝出了植物園。

以後她就沒有再去看見他，她曾經偷偷地找過他幾次，沒有找到，打聽也打聽不出來。

三個月後，她同胡開源結了婚，結婚那天在報上登了很大的啓事，也到了很多客人。第二天他們兩人就去日月潭渡蜜月。

婚後又過了一段甜蜜幸福的生活。

第二年胡開源的父親去世，整個貿易行由他接管，他的應酬也一天一天多了起來。

漸漸地，他晚上回來得很晏，她問他在外面有什麼事？他總說應酬多得很，其實是在外面玩女人。

他的生意越做越好，錢越來越多，膽子越來越大，她却越來越受冷落。

終於，她發現了他的秘密。因此兩人時常爭吵，感情越吵越壞。

去年她發現他愛上一位歌女，而且金屋藏嬌，她便和他大吵大鬧，他却振振有詞地說：

「和妳結婚這麽多年，妳連屁也沒有放一個，還有臉怪我金屋藏嬌？」

這些年來她沒有生下一男半女，本來有點心虛，經他這一反擊她怔了半天，過後才說：

「這也不是我一個人的事！」

「不是妳一個人的事？」他又反唇相譏：「爲什麽她有了孩子？」

她氣餒了，無法再和他爭辯，他更使秘密變成公開，完全把她冷落下來。

她無法忍受完全沒有感情的生活，毅然決然地和他離婚，他給了她十五萬元贍養費，結束了這場夢。

本來她不一定要靠工作維持生活，但經過這次打擊之後，她的人生觀完全改變，她要自力更生，要過恬淡的生活，而且準備獨身下去，所以離開十丈紅塵的臺北，到這個小地方來。而她之所以能找到這份教員工作，除了本身的學歷之外，還得歸功於過去這些年來的社交生活。

但她沒有想到為了逃避煩惱，偏又碰上了煩惱？是否冥冥中有一隻奇怪的手在作安排？

「假如當初他不那樣衝動，可能不會造成這樣的悲劇？」她抹抹眼角上的淚珠。

「但無論怎樣說，我總有點對他不住。」她又這樣想。

從王亦芬的話中，她瞭解他這些年來內心的痛苦，她內心裡也增加了一份歉疚。假如他結了婚，甚至他的婚姻非常幸福，那她心理上的負擔反而可以減輕。

「當初我不應該和他說那樣的話，那太傷他的心。假如他知道我已經離婚，他一定會笑我。」她這樣想着，心裡更加不安起來。

「我不能讓他笑話，在和他碰面以前我一定要走。」她想到這裡，立刻翻身坐了起來。

她走到桌前照照鏡子，掠掠頭髮，走了出來，匆匆地跑到校長室去。

三

校長正戴着老花眼鏡，伏案辦公，一看見她進來，便取下老花眼鏡，笑着問她：

「許老師，有什麼事？」

她一臉孔的尷尬，囁嚅半天，說不出話來。

「許老師，妳請坐，」校長指着大辦公桌旁邊的椅子說：「有什麼事我們慢慢商量。」

她隨着校長的指示坐了下來，坐定之後又掠掠頭髮說：

「校長，我實在不好啓齒……」

「你說說看，沒有關係。」老校長和氣地說。

「校長，我不能在這裡敎了。」她費了很大的勁才說了出來。

「爲什麼？」校長聽了一怔，過後這樣問。

「校長，因爲……」

校長看她「因爲」了半天還沒有說出來，便搶着問：

「因爲什麼？」

「因爲我沒有敎過書，恐怕敎不下地。」她扯了一個謊。老校長把身子向後一仰，哈哈一笑說：

「妳是眞正的大學畢業，又不是冒牌，怎麼會教不下地？」

「不，拳不離手，曲不離口，我已經荒疏了。」她說。

「沒有關係，」校長安慰她：「老底子總在那裡，事先多準備就行了。」

「校長，我實在不能勝任。」她爲了能够離開，故意把自己說得不行。

「不必客氣，黃董事長說妳很行。」校長擺擺手說。

「那是黃董事長過獎，也只怪我當初不自量力。」

「妳還沒有上課，怎麼知道自己不能勝任？」

「我沒有教過書，一走上講台心裡就會發慌。」

「沒有關係，上了兩堂課就會好的。」校長輕鬆地一笑。

「校長，我實在不行，請你另聘高明。」她請求地說。

校長面有難色，一是已經開課，臨時那裡去找人？二是黃董事長那邊他也不好交代。因此他對她說：

「許老師，不管怎麼，妳上幾天課再說，就是眞的不行，我是校長，我也要替妳擔代擔代。」

她看着校長說得很誠懇，不能不講眞話，因此她改變語氣說：

「校長，我實在對你說。」

「妳說好了。」校長點點頭。

「學校裡有位方老師……」

「不錯，有位方靳人老師，」校長點點頭，兩眼盯着她問：「他怎麽樣？」

「他以前和我是朋友，」她臉微微一紅。

「他的性格有點古怪是不是？」校長笑着問。

「不」，她搖搖頭：「他以前不是這個樣子。」

「吓？」校長驚異地吓了一聲。

「他以前和平常人一樣。」她又補充一句。

「他一到我學校來就是鬱鬱寡歡，落落寡合的樣子。」

「那是受了刺激。」

「什麽刺激？」

「就是因爲我的關係。」

校長望着她，沒有再問下去，她却把那段經過說了出來。

「我說嘛！方老師什麽都好，就是有點失神的樣子。」校長輕輕地嘆口氣。

「假如我事先知道他在這裡，我決不會來。」她神情沉重地說。

「其實這也沒有什麽關係。」校長安慰她。

「我可不這麽想，」她用力搖搖頭：「我對他有點抱歉，要是他知道了我這樣的下場，我也沒有臉面。」

「現在已經事過境遷。」校長向她安慰地一笑。

「這種事不比別的事，」她冷靜地說：「我知道他還記在心裡。」

「妳怎麽知道？」校長奇怪地問。

於是她把剛才和王亦芬散步的情形以及王亦芬對她講的那些話分析給校長聽。

校長聽了恍然大悟，把手在桌上一拍說：

「難怪他總是坐在池邊！」

「池裡有什麽好看的？」她問。

「我種了幾棵白蓮！」校長突然站起來，望着她說：「許老師，想不到方老師這樣癡情？」

許白蓮悽然欲泣，校長又安慰她：

「許老師，看樣子他對妳還是一往情深？」

「我只希望他不恨我。」許白蓮終於流下淚來。

「許老師，過去的事不要放在心上，」老校長親切地對她說：「我會替妳解釋解釋。」

「校長，謝謝你，不必了。我實在沒有臉面再見他。」她悽然地搖搖頭說。

「不，我看你們很有破鏡重圓的希望。」校長自信地說。

「校長，我已人老珠黃，我還是決定走，請你不要讓他知道。」她堅決地說。

「不必，不必。」校長搖搖頭。

「校長我一定要走，明天一清早我就走，千萬請你保守這個秘密。」

「這倒很容易，反正他不管別人的事，但妳何必走呢？」

「校長，我已經講過了，千萬請你原諒。」

校長搖搖頭，嘆口氣，目送她走出校長室。

四

校長的心情也有點煩亂，隨後也走出自己的房間，到校園來散步。路燈雖然不太亮，但足可以照着他走路。恰巧方靳人正從小池塘那邊慢慢地走了過來，他們剛好在一棵大榕樹底下相遇。

「方老師，你還沒有睡？」校長先問。

「沒有。」方靳人搖搖頭。

「池塘的蓮花開得怎樣？」校長試探地問：「我有好久沒有去了。」

「快謝了。」他悵惘地回答。

校長哦了一聲，隨即和他談些別的事，他漠不關心，讓校長一個人自說自話，校長隨即把話題一轉：

「今天來了一位女老師。」

他像沒有聽見一樣，毫無反應。

「可是她剛來就要走。」校長嘆口氣說。

「隨她去。」他冷漠地說。

「可是她和你很有關係。」

「我在學校十幾年，連大門也很少出去，和我有什麼關係？」他冷漠地望了校長一眼。

「也眞湊巧，」校長向他一笑：「你們以前認識」。

「誰？」他漫不經心地問了一句。

「許白蓮。」校長望着他的臉上說。

他兩眼直瞪瞪地望着校長，很久很久才說：

「她怎麼會到這裡來？」

校長把經過的情形慢慢地講給他聽，突然加重語氣說：

「她已經離婚。」

他重重地嘆了一口氣，校長接着說：

「她怕你笑她，所以要走。」

「我不會笑她。」他搖搖頭。

「她還怕你恨她。」校長又說。

「往事如烟，那早已成爲過去。」

「眞的？」校長望着他一笑。

「我不願意講廢話。」

「那她不必走了？」校長望着他說。

「你沒有留她？」他問。

「我留她不住。」校長搖搖頭：「你能不能勸勸她？」

「恐怕她已經不認識我了?」他微喟地說。

「那怎麼會?」

「恐怕我也不認識她?」

「那更是笑話。」

「一幌就是十多年，時間太可怕了。」

「我相信你的記憶猶新，」校長推推他，又指着許白蓮那間宿舍說：「去，去，去！代我勸勸她。」

「我去試試看，」他悵惘地說：「她既然決定走，恐怕我也留她不下來。」

五

方靳人輕輕地敲着許白蓮的房門。她在裡面問：

「誰?」

「我，靳人。」他輕輕地回答。

她聽了大大地一怔，雙手蒙着胸口，半天沒有出聲，突然把背抵住門說：

「請你不要進來。」

「校長要我來。」他說。

「你來幹什麼？」

「校長要我勸妳留下來。」

「我沒有臉面留下來。」她的眼淚沿着面頰順流而下。

「沒有什麼大不了的事，我們不再是小孩子了。」他平靜地說。

她沉默了一會，沒有作聲，雙手用力按住胸口，眼淚在汩汩地流。

他看她既不開門，也不作聲，不免有點氣餒，輕輕地嘆口氣說：

「既然妳不願意見我，我決不勉強進來。」

說完之後便緩步走開。

她連忙擦擦眼淚，把門拉開。他慢慢地回轉身來，兩人默默地望着，幾乎認不出來。

她已經失去少女時代那種玫瑰般的臉色，也許由於未施脂粉的關係，燈光之下看來有點憔悴。一身淡灰色而無花紋的旗袍，彷彿是哀樂中年的標誌。

他上身穿着過時的藏青色舊西裝上衣，下身穿着一條沒有燙伸的黃卡布的褲子，鬍鬚有好幾天沒有刮，頭髮又長又亂，兩邊已經有了不少白髮，臉孔彷彿也變長了，整個形像看來和從前大不相同，彷彿十字架上受難的耶穌。

兩人互相望了一會，不約而同地嘆了一口氣。

他慢慢地走進房去，發現一口大皮箱放在床舖中間，衣服還沒有收檢好，箱蓋也未合上，他猜想自己敲門時她可能正在清理東西。

她逐步退到床邊，慢慢坐下。他也在桌子旁邊的一隻圓櫈上坐下，以詫異的口吻說：

「我眞沒有想到妳會到這裡來？」

「我也沒有想到你在這裡，不然我決不會來。」她望着自己的脚尖說。

「妳對我好像不大瞭解？」他帶着幾分失望的神情望着她說。

「因爲我們分手時並不愉快。」她抬起頭來望了他一眼。

「只怪我當時心情太壞。」

「我也不應該那麽說。」

「過去的事不必再提了。」

「你怎麽會一下子跑到這裡來？」

「如果不是一個偶然的機會，我可能跳了海。」

她的身子一震，眼圈一紅。他又淡然地說：

「其實那是一種幼稚的想法，這些年來我已經體會到人生的另一種境界。」

「什麼境界？」她望着他說。

「戀愛不是打獵，與其開槍，不如欣賞。」

「當初如果你能這樣，也許不會發生悲劇？」她嘆口氣說。

「假如我不經過長久的痛苦，我也不會大澈大悟。」

「你每天坐在小池塘旁邊，欣賞什麼？」她試探地問。

「妳怎麼知道我坐在那裡？」他慘然一笑。

「先前我從那裡經過。」

「虛無，」過了一會他如夢如幻地回答：「凋謝的花朵，抓不住的過去。」

她悠悠地嘆口氣，隨即站起來收拾箱子。

他又突然清醒過來，站起來問：

「妳眞的要走？」

她慢慢地回過身來望着他，過了一會才說：

「我已經跟校長講過」

「剛才他也跟我講過。」他說。

「到底是他的意思，還是你的意思？」她審愼地問。

「是他的意思，也是我的意思？」他說。

「你原諒我？」她望着他的臉上問。

「沒有什麼不可以原諒的事。」他說。

她臉上露出一絲笑容，眼角掛着兩顆淚珠。

六

方靳人又靜靜地坐在小池塘邊，但他身邊多了一個人影。

高三女生王亦芬和另一個女生從他們旁邊走過，奇怪地望了他們一眼，那個女生輕輕地對王亦芬說：

「方老師眞怪，別的女老師他看也不看一眼，怎麼和許老師這麼有緣？簡直是『特別快』！」

「不，他們是特別慢，」王亦芬輕輕地碰了那個女生一下：「而且許老師搭錯了車！」

「妳怎麼知道？。」那女生壓低聲音問王亦芬。

王亦芬把經過的情形告訴那女生，那個女生把手一拍：

「嗨！我以前以爲方老師有神經病，想不到他眞是一位有情人？」

說完之後她又回頭望了他們倆人一眼，用手肘碰碰王亦芬：

「奇怪？他們怎麼不像戀愛？」

「妳不懂！」王亦芬也用手肘碰碰她：「戀愛不一定要摟摟抱抱。」

他們倆人聽了會心地一笑。過後方靳人說：

「也許我們老了？」

「不，戀愛也是一種哲學，以前我也不懂。」許白蓮一笑。

暮色蒼茫，清風習習，吹在身上有點涼意。池上的蓮花在片片飄落，許白蓮看了輕輕地嘆口氣，方靳人悄悄地替她披上毛線衣。

她回頭望着他一笑，臉上卻掛着兩行清淚。

白夢蘭

一

一個住在中部的老朋友來臺北開書展，我無力請他上酒家，連邀他上眞北平，眞川味這類小吃舘他也一概謝絕，請他看電影喝茶，他才勉強答應。我們約好七點鐘在「巴西」見面，想不到「巴西」裝修內部，暫停營業，我只好在書攤上順手買了一本新創辦的雜誌，站在街沿邊等他，這本新雜誌大致翻完了，那位朋友才提着皮包從對面街角斜揷過來，我指着「巴西」樓梯口上的紅紙大字：「整修內部暫停營業」給他看，同時問他是先看電影還是先喝茶？他說電影已經開映，還是喝喝茶聊聊天好，我們已經兩年沒有見面，我自然不會反對。

我們在附近一家次等的咖啡室坐了下來，這裡的燈光雖然暗淡一些，但有音樂可聽，情調倒也不壞。

我們叙談別後的情形，老朋友和我一樣，並不得意，因爲我們彼此都有一肚皮的不合時宜。他把他的公餘時間全部用於殷契和鐘鼎，兩年來造詣更深，所以這次展出極獲好評，估價之高出乎他自己意料之外；我則依然故我，毫無寸進，眞有點愧對故人。

我們談到九點多鐘，他忽然想起一篇寫好了的介紹殷契鐘鼎的文章還在辦事處沒有發出去，他打了幾次電話又沒有人接，他說要趕回去找人把那篇文章送到報館去，希望在書展結束之前刊出。本來我想留他多談一會，但又不便躭誤他的正事，他爲了這次展出作了兩年的準備，這次從中部到臺北來又化了不少時間精力，還貼了不少錢，他的字又不標賣，完全是爲了求得精神上的安慰，因此我不便強留。

我送他出去時外面正下着毛毛雨，他冒雨回去，我一個人又回到裡面來，這種天氣我也沒有什麼地方好去，回宿舍睡覺又嫌太早，還不如在裡面翻翻雜誌聽聽音樂。我一年難得來這種地方一次，旣來之就索性「自我陶醉」一下吧。

外面冷風細雨，一片冬天的景象，裡面却播放着輕柔如夢的音樂，溫暖如春，羅漢松和小棕櫚在暗淡的光下彷彿在暮靄中一般虛無優美，如果我們不追求色情的刺激，僅求靈性的解脫和享受，這種地方也是未可厚非的。有些作家歡喜在這種地方寫作，也許就是這個緣故吧？

我重新把雜誌打開來，湊近燈光底下看，我有五百多度的近視，我的面部幾乎貼近雜誌了在這種燈光底下看書本來就很吃力，但這本雜誌我很喜歡，所以我也就不覺得如何吃力了；加之如夢的音樂，更可以提高我的閱讀興趣，這些年來，我是以讀書來排除寂寞的，在書本上我才可以得到一點安慰。

當我一口氣看完了那幾篇小說之後，我把雜誌放了下來，我的眼睛有點發花，我彷彿覺得我對面坐着一個女人，她看見我放下雜誌彷彿怔了一怔，驀地站了起來，我努力睜大眼睛看她時她又不走，只是臉孔一陣蒼白，忽然我聽見一種輕柔的，羞怯的，而又帶着幾分幽怨的聲音說：

「大表哥，我眞沒有想到是你？」

我聽了也一怔，十多年沒有誰叫過我一聲「大表哥」，我怔怔地望着她想辨別她是誰時，她却以一種哭泣的聲音輕輕地說：

「我是夢蘭。」

「哦！」我突然站了起來：「妳是夢蘭？」

她點點頭，眼裡好像有淚珠滾動，我連忙對她說：

「夢蘭，請坐，請坐。」

她遲疑了一下，才慢慢地坐了下來，隨即從黑色的手提袋裡掏出一塊小花手絹，輕輕地拉了一下眼淚。

我問她是要淸茶還是喝咖啡？她搖搖頭說：

「我什麼都不要。」

「那妳喝杯綠茶吧？綠茶味道長一點。」我強作歡笑地對她說。

她也勉強地笑了一笑，於是我替她叫了一杯綠茶。

接着是一陣沉默，我一向拙於詞令，尤其是在這種場合中遇見她更使我不知道怎麼說好？通常一般良家婦女是很少單獨到這種地方來的，只有那些花花草草才專跑這些地方。但是夢蘭來了，而且悄悄地坐到我的對面，無怪乎她看到是我要一怔，我認出是她也不免一驚，這實在是頗為尷尬的事情。加之我們有十幾年沒有見面，當時我離家再度飄泊時，心中對她多少有點歉意，因此我更不知道從何說起？

「大表哥，我眞想不到會在臺灣見到你？」她幽幽地說。

「眞的，我也想不到妳會來到臺灣。」我說。

「要不是倉促結了婚，我是不會離家的。」她說。

聽她說結了婚，我心裡有一種說不出來的滋味，我望了她一眼，沒有說什麼。她看我不作聲，隨即幽怨地說：

「大表哥，大表嫂呢？」

我被她問得非常尷尬，臉上一陣熱，我不知道她是眞的關切，還是報復？為了最後的一點自尊，我只好說大話：

「我還沒有想到結婚。」

她望着我一笑，這一笑好像完全揭穿了我的虛飾，我不敢望她，故意望着雜誌的封面，希望藉着那兩個瀟洒脫俗的字，驅走我的傖俗，空虛。

「臺灣不比大陸，沒有那麼多女人供你選擇是不是？」她嘴角又泛起一絲嘲笑。

「夢蘭，我們最好不要談個這問題。」我沒有別的辦法，只好封住她。

她輕輕地一笑，隨後又裝出十分溫柔地說：

「大表哥，難道我對你不應該關切嗎？」

「謝謝妳的好意。」我也對她一笑，笑得也許不大自然。

她深深地望了我一眼，幽幽地嘆了一口氣：

「時間過得眞快，想不到我們都老了！」

「不，夢蘭，妳還年輕。」我安慰她說。女人最怕老，我知道我是老了，但我不能把她牽連在內，事實上她也比我小得多，尤其是在暗淡的燈光下看來，她顯得還很年輕，我並不覺得她老，我只覺得她比十年前成熟得多，假如那時她有現在這般成熟，我是不會借故再度漂泊的。

「大表哥，你不要騙我，我還沒有忘記我的年齡。」她向我悽涼地一笑。

「妳結婚幾年了？」我問。我再度離家之後，就很少和家中通信，後來母親寫信告訴我傷心地說夢蘭結婚了，我也不怎麼介意，因此，她是那一年結婚？我就記不起來了。

「十二年。」她淡淡地說。

「眞快！」我不自禁地說，我記得我們分手時她還是一個初解風情的少女，在我看來還有幾分幼稚，想不到轉眼間她已經結婚十二年了！

「你也覺得快？」她微微偏起頭來反問我，有點責怪的樣子。

「我彷彿覺得妳一夜之間長大了。」我說，我的確有這種感覺。

「大表哥，你不要再倚老賣老吧！」她輕輕地白了我一眼。

「夢蘭，在妳面我覺得我更老了。」我感傷地說。十年以前，我只覺得我比她大，現在我更覺得我比她老多了！我的兩鬢已經開始斑白，她還是粉雕玉琢一般，塗上蔻丹的纖纖十指，和兩片殷紅的嘴唇，在暗淡的燈光下看來，決不會超過二十五歲。

她望了我一眼，沒有作聲，那意思好像是說：「我們的年齡越來越接近。」

她不講話我就更沒有話說，我低着頭喝了一口茶，我覺得茶的味道有點苦澀。

她看見我不作聲，又問我知不知道家裡的情形？我說我來臺灣後就沒有通過一封信，一刀兩斷彼此乾淨，她怪我像隻花脚貓，到處亂跑慣了，一離家就忘記了家。我問她知不知道？她也只好搖搖頭，不過表示非常想念。

「不知道媽和姨媽還在不在？」她十分悵惘地說。

「天知道！」我不耐煩地說：「夢蘭，我們不要說這些吧。」

「大表哥，你看我們還有什麼好談的？」她望着我悽然一笑。

她這一問幾乎使我張口結舌，的確，除了這些血肉關聯的瑣碎事情之外，我們還有什麼好談的呢？難道我們還能談情說愛嗎？後來我忽然想起我還沒有問過她家庭的情形，首先我問她有幾個孩子，她說有四個。

「男的？女的？」我接着問。

「兩男兩女。」她淡淡地回答。

「夢蘭，妳眞好福氣。」我笑着說，想着我自已還是一個光桿，我怎麼能不羨慕她呢！

「馬尾串豆腐，別提吧，要不是這些個寃家，我也不至於……」她黯然地說，又戛然而止。

我故意把頭轉向一邊，裝作沒有聽見，恰巧我看見一個裝束入時的女人正跟在一個男人的後面，走向「化粧室」，別的鴛鴦座上的男女正在卿卿我我，我回過頭來看看夢蘭，我覺得只有我們兩人最尷尬。

我們的談話又沒有辦法繼續，我看見她眼淚盈盈欲滴，只好低下頭來喝茶，可是我們都不想走。

我們默默地坐着，有時是我望望她，有時是她望望我，爲了打開這個僵局，我建議我們去吃消夜，她點點頭站了起來，當我走向櫃臺付賬時，她向會計小姐說了一聲：

「記我的賬。」

會計小姐馬上拋給她一個會心的微笑，她就挽着我的手臂走了出來。

吃完消夜已經十二點多了，我要叫部車子送她回去，她說不必，只要我陪她走走。

天仍然在下着毛毛雨，我怕她打濕了衣服着了凉，因此走了幾步我又說：

「最好我們叫部車子。」

她馬上迎着我說：

「你不記得那年淸明節，我們在細雨中踏花回去？」

我心裡一怔，我想不到她的記憶竟如此深切？如果她不提起我眞想不起來，她一提起我又覺得歷歷如繪了！

「夢蘭，過去的事不必提它。」我怕動感情更不願意她再動感情，因此我及時制止。

「大表哥，你健忘我可不健忘。」她望着我悽然一笑，沒有一點責怪的意思，這使我非常難受，比殺我一刀還要厲害。

我沒有話說，只好以一種贖罪的心情陪着她走。

我不知道她住在什麼地方？她往那裡走我也往那裡走，幸好天冷夜深，街上沒有什麼行人，不然準會有人罵我們神經病。

她頭上披的方格大手絹漸漸打濕了，花呢大衣上也閃着晶亮的水珠，可是她彷彿沒有一點感覺，依偎着我緩緩而行，張着兩隻如夢的眼睛。

我怕她受凉生病，輕輕地對她說：

「夢蘭，妳住在那裡？我送妳回去。」

她不作聲，彷彿沒有聽見；經我再三催問，她才開口：

「我自己回去，不必你送。」

她隨即把手一鬆，滑下了我的手臂，望着一輛迎面踏來的三輪車叫了一聲：

「三輪車！」

三輪車伕聽見叫喊連忙踏過來，在三輪車還有一段距離時我又問她的住址，我準備找機會去看看她的丈夫和孩子，可是她怎樣也不肯告訴我，反而向我要地址，我隨手掏了一張名片給她，那上面有我的住址和電話號碼。

三輪車踏到時她迅速地跳了上去，她在車伕耳邊輕輕地說了一句什麼，車伕就踏着車子揚長而去。

二

我目送她去遠之後，悵然若有所失！我眞想不到會在那家咖啡室碰見她？今天的不期而遇眞好像做了一場夢，這些年來我雖然強迫自己忘記過去，可是今天遇見夢蘭之後，那段往事便自然地浮了上來，捺也捺不下去。

夢蘭是我姨媽的掌珠，小我八歲，抗戰時我離家出走那年她剛剛十歲，還不懂事，勝利後我回家時她才十八歲，剛剛高中畢業，因爲我在外面流浪多年還沒有結婚，媽和姨媽就想撮合我們這件婚事，並製造許多機會讓我和夢蘭經常在一起，這時夢蘭已經長得亭亭玉立，如果以一般人的眼光來看，可以說得上是一個美人胚子，我雖然曾經滄海，可是我也不能否認她的美麗，她對我很好，如果套一句愛情上的術語，可以說得上「一往情深」，可是我看見她吃奶長大，總覺得她還是小孩子，只有自己才是大人，我們處了一個多月，我覺得她有很多地方可愛，唯一遺憾的是不够成熟，人雖然長高了，却仍然帶着幾分稚氣，我是浪蕩江湖的人，我覺得我應該娶一個老練成熟的妻子，雖然我失戀過幾次，可是我並不灰心，反面提高了我的眼界，所以有一天媽悄悄地問我娶不娶夢蘭時，我却對她說要出門去，這使媽非常傷心，她哭罵着說。

「夢蘭這樣的好姑娘你還不要，我看你將來穩打單身！」

當時我對於媽的話毫不介意，甚至她要我先訂婚再等兩年結婚我都不願等（她說夢蘭年齡大點自然會脫掉孩子氣），沒有幾天我就悄悄地溜走了。再度離家之後，我想像得到媽和姨媽是怎樣傷心，但我想不到夢蘭也會難過，因爲像她那花樣年華的女孩子多半是眼高於頂的，何愁沒有一個比我更理想的丈夫？直到今天再見面我才知道夢蘭的傷心是大大地超過媽和姨媽了！直到此刻我也才恍然大悟，過去那一個多月的相處，在我算不上是戀愛，在夢蘭却是刻骨銘心的初戀了！現在夢蘭已婚，而且有了四個孩子，而我仍然單身，媽的話眞是不幸而言中了。

我在雨中彳亍而行，我覺得內疚很深，但我不瞭解夢蘭怎麼會跑咖啡館？看她和櫃枱小姐彷彿很熟，可見她到這種地方來已經不止一次了！這使我替夢蘭惋惜，但我不明白她爲什麼會走上這條路？依我的瞭解，她決不是這一型的女人。我邊走邊想，始終想不透這是什麼原因？

我走到宿舍時，衣服已經透濕了！

第二天吃過晚飯後，我接到夢蘭的電話，我問她有什麼事？她說要我到老地方去。」

「有什麼事嗎？」我又重複了一次。

「你別老是問我，我等你。」說着她啪一聲把電話掛斷了。

她這一下簡直使我沒有考慮的餘地，我只好赴約了。

我走進去，好半天才發現她正坐在那裡喝茶，並且替我泡了一杯，我在她對面坐下，笑着對她說：

「你怎麼知道我一定會來？」

「你沒有理由不來。」她也回我一笑，我覺得她現在是太成熟太老練了。

「夢蘭，我覺得你應該在家裡帶孩子，不應該老是到這種地方來。」過了一會，我對她說出我心裡想說的話。

她先向我玩世地一笑，然後又反問我：

「大表哥，你怎麼一見面就訓我？」

「夢蘭，不是訓妳。」我連忙向她解釋：「我覺得妳到這種地方來很不合適？」

「大表哥，現在我不是名門小姐，我已經變成西門町的野草了。」她嘲弄自己地向我一笑。

「夢蘭，妳怎麼說這種話？」我睜大眼睛望着她。

「我的大表哥，你想不到吧？」她望着我嘲笑地說，我不知道她是嘲笑我還是嘲笑自己？

「夢蘭，我眞想不到你變得這麼厲害？」我痛苦地說。

「大表哥，你又失望了是不是？」她望着我的臉上調侃地說：「十年前，你嫌我是一隻青蘋果，現在你又嫌我熟爛了是不是？」

「夢蘭，我請妳不要再談這個問題。」我幾乎是哀求地說。

「大表哥，過去的事談談又有什麼關係？」她反而輕鬆地向我一笑。

「夢蘭，過去只是一場夢，不必再提了。」

「大表哥，你知道那場夢使我流了多少眼淚？」

「夢蘭，我眞抱歉！希望妳饒恕我。」

「沒有見到你以前，我恨你；見到你以後，我又不知道什麼叫做恨了？」她向我寬恕地一笑，笑得很美，很眞。

她這一笑加深了我的內疚，即使她不恨我，可是這些年來我却一直在恨我自己。

「說也奇怪，到臺灣這麼久，以前我們怎麼沒有碰見過？」我假裝輕鬆地說。

「以前我是家庭主婦，不是閒花野草；你又不常露面，我們怎麼能碰到？」

的確，我不是要人，報紙上從來沒有登過我的名字，甚至連坐咖啡館也是絕無僅有的事，昨天如果不是和朋友一道來，那我們還是沒有機會碰到的。

「以後我可以常常到妳家裡去，不必到這種地方來了。」我乘機說。我眞希望看看她的丈夫和孩子。

「爲了方便，我們有機會還是在這種地方見見面。」她掠掠頭髮說：「我不害臊，難道你還害臊？」

「夢蘭，我覺得妳應該放棄這種生活，以後我也決不在這種地方見妳。」我嚴正地對她說。

「大表哥，我放棄這種生活，又怎樣生活？」她馬上反問我。

「妳可以去做事。」我毫不考慮地回答。

「做事？」她哈哈地笑了起來：「我沒有一點人事關係，那有事情給我做。」

「妳應該試試。」

「我試了很多次，統統失敗了！」

「妳可以參加考試。」

「我的證件丢光了，連報名都報不上，還考什麼試？」

「那妳也應該吃苦。」

「酸醃菜下飯已經吃了幾年，還要我怎樣吃苦？」

「妳丈夫難道是個飯桶！連老婆也養不活？」我生起氣來。

「他一個月才賺三百多塊錢，還要抽煙喝酒，又是這一大家子人，你看他怎樣養活？」她笑着反問我。

「他怎麽這樣渾蛋？自己不想辦法，要妳出來……」我駡她丈夫，但我說不下去。

「他沒有辦法，情願瞪着眼做王八。」她大膽地說了出來。

我嘆了一口氣，不知道說什麼好？我想盡我的能力幫助他，因此我說：

「妳以後不要出來，我替妳想辦法。」

「你一個月賺多少錢？你有什麼辦法？」她笑着問我。

她這一問可把我問住了，我賺的錢比她丈夫多得有限，我自己的開支還不够，每月接到兩張紅帖子就急得睡不着覺，那有力量幫助她？

她看見我不作聲，淡淡地一笑，笑得那麼世故深沉。

「我總覺得這不是妳走的路。」過了一會我又搖搖頭。

「大表哥，別儘說廢話，我請你看電影去。」她向我溫柔地一笑，迅速地站了起來。

「不！」我立刻拒絕，我不要她請我，我不願意化她一分錢，用她一分錢我都覺得是一種天大的罪惡。

「你不願意化我的錢是不是？」她非常敏感，馬上瞭解我的意思，她向我揶揄地笑笑：「我的錢又不是偷來的，搶來的？你爲什麼不去？」

我沒有話說，我心裡非常難過，她賺錢的方法雖然下賤，但比偷比搶要正當得多，最少是一種公平交易，今天巧取豪奪不勞而獲的人又有多少呢？

她看見我不作聲，又向我溫柔地一笑，同時低下頭來對我說：

「大表哥，那你請我好了？」

我沒有想到她會有這一着，這簡直使我無法抗拒，我不能吝嗇得連一場電影也不請她看，用任何理由來搪塞都是不近人情的，我盤算口袋裡還有幾十塊錢，請她看場電影是沒有問題的。因此我點點頭，站了起來。

我走到櫃枱付賬，她既不搶着先付，也不關照會計小姐，她站在一邊看着，等我付完了賬，她把手挿進我的臂彎，我們一道走了出去。

在電影院裡我們並肩坐着，她把頭靠在我的肩上，手握着我的手，靜靜地注視銀幕，這和十年前我們一道看電影時的神態是沒有什麼分別的，只是我的感觸不同，我的眼淚不自禁地汩汩地往下流，想到我自己的漂泊無家和她目前的慘痛遭遇，我眞是心痛欲裂！我想拯救她，可是我沒有力量，假如她當年嫁了我，說不定也會淪落到這種地步的，我是一個躱在紙做的堡壘裡的人，靠精神和理想生活，我比她的丈夫可能還要差勁！

銀幕上忽然閃過一道亮光，照亮了中間的座位，照亮了每一個人的面部，夢蘭發現我的臉上有淚，望着我輕輕地說：

「大表哥，你哭了？」

我沒有作聲，也不拭去臉上的淚痕，因爲亮光閃過之後又恢復了暗淡，沒有人看見我在流淚。

夢蘭看見我像石膏像一樣地毫無反應，她在手提袋裡，掏出手絹替我輕輕擦拭，同時在我耳邊輕輕地說：

「大表哥，沒有什麼好哭的，以這位女主角來說吧，她的遭遇雖然悲慘，可是她自己並沒有流淚，你怎麼反而哭起來了？你這豈不是看三國，落眼淚，替古人擔憂嗎？」

我沒有作聲，我不想告訴她我是爲她和我流淚。她替我拭完眼淚，又在我耳邊輕輕地說：

「大表哥，十年前你不是說我太孩子氣嗎？怎麼現在你反而孩子氣起來了？」

她的話使我更加慚愧，十年前我以爲我很堅強，我很懂事，對於任何事都滿不在乎，甚至對她的一片芳心也白白辜負，現在想起來那才眞正幼稚！現在年紀大了，是眞正的懂事了，可是太晚！太晚！我的兩鬢已經白了！夢蘭已經嫁了！而且她又淪落到如此地步，我除了流淚以外還有什麼補救的辦法呢？

「大表哥，你有什麼好哭的？我都不哭了。自從那該死的要我走上這條路之後，第一次我哭了一整夜，以後我就沒有眼淚，見了你我也只想哭，可是我沒有哭出聲來，你還有什麼好哭的？……」

「夢蘭！」我突然抓緊她的手，粗暴地對她說：「不要再講，不要再講……。」

我實在受不了，我幾乎要爆炸。

過了一會，夢蘭又溫婉地對我說：

「大表哥，我的手快要被你揑碎了。」

我這才冷靜下來，連忙放開手，抱歉地說：

「夢蘭，對不起。」

「大表哥，沒有關係，不要放手，只要不揑碎就行。」她笑着對我說，又握起我的手來。

我實在受不了，我幾乎要被她的柔情融化，我又不便把手抽回來，我只好對她說我想出去。

「爲什麽？」她奇怪地問我。

「裡面太悶，我有點頭暈。」我故意扯謊。

「電影還沒有映完，你不想看到女主角的最後結局嗎？」她溫婉地反問。

我說我不想再看，她只好陪我一道出來。

她帶我走進一條小巷，走到一家旅館門口，悄悄地對我說：

『大表哥，我們進去休息一下。』

我奇怪地望着她，臉色沉了下來，嚴厲地對她說：

『夢蘭，這怎麼可以？』

說過之後，我掉頭就走，她迅速地跟了上來，挽着我的手調侃地說。

『大表哥，你還不够成熟。』

『這是什麼話？我們是什麼關係？』我斥責她。

『大表哥，不要把男女關係分得這麼清楚。在我不算失去貞操；在你更沒有什麼損失；我想念你這麼多年，難道你還是這麼吝嗇嗎？』

『夢蘭，不要胡說。』我不忍過份責備她，我的語氣並不十分嚴厲。

『大表哥，你不要認爲這是胡說，任何臭男人，只要他付出足够的代價，都可以把我帶進去，過後我們又視同路人，我頭腦裡從來沒有留過他們的影子；但是，你不同，十多年來，你在我頭腦裡老是驅逐不掉，偏偏你又這樣吝嗇……。』

『夢蘭，妳瘋了是不是？』我用力搖撼她，我希望她清醒過來。

我粗暴的態度並沒有使她生氣，她反而笑着對我說：

『大表哥，我並沒有發瘋，我很清醒。』

我怕看她那張笑臉，我摔下她急急地衝出巷口，她並沒有追上來，只溫柔曼妙地喚了我一聲

「大—表—哥——」

黑色的手提袋同時在她手裡旋舞起來。

三

我從那家咖啡室的會計小姐那裡打聽出夢蘭的住址，我買了幾盒糖菓和兩簍橘子蘋菓，另外借了五百塊錢，親自送到夢蘭家裡去。

夢蘭住在市郊低窪地區的一個木板屋裡，這裡住的都是差不多的人家，沒有一家高樓大廈，連一戶全部磚瓦房屋都沒有。

我走到時夢蘭正蹲在水井旁邊淘米，頭髮蓬鬆，臉上也沒有化粧，輪廓雖然很美，可是皮膚蒼黃，彷彿營養不良，睡眠不足的樣子，身上穿着褪了色的藍布旗袍，和在咖啡室出現的她完全是兩個樣子。

我怔怔地看了她一會，然後喊了聲『夢蘭』，她抬頭看見是我，起初是猛地一怔，然後又笑着站起來說：「大表哥，你怎麼找來了？」

我沒有告訴她我是怎麼找來的，她隨即彎下腰去端起飯鍋，陪我走進屋去。

我一走進屋孩子們都圍了過來，他們看見水菓餅乾高興得不得了。

「珊瑚，臺生，建生，快叫大表爹，不要沒有禮貌，只顧貪吃！」夢蘭對圍着我的那幾個孩子說。

我把東西和紅紙包交給孩子們之後，夢蘭就介紹她丈夫和我認識。她丈夫叫朱大明，看來不過三十多歲，是一個窩囊廢的人物，一看見他我心裡就替夢蘭叫屈。他和我一樣都不大善於詞令，所以我們沒有多少話講。他也不問我是怎樣和夢蘭遇見的？也不懷疑我這個大表哥的身份是否正確？也許他是睜着眼睛裝糊塗也說不定？幾個孩子生得很清秀，女的像夢蘭，只有最小的男孩像朱大明，有點窩窩囊囊，鼻涕吊在嘴上。

房子很小，陳設也很簡單，「客廳」裡還擺着一張床鋪，上面亂七八糟，連被子也沒有叠好。夢蘭看不順眼，連忙走過去叠了起來，一面叠一面對她丈夫說：

「你也眞不像話，睡了覺連被子也不叠！」

朱大明只是憨騃地笑笑，一點也沒有表現出男人的自尊。

夢蘭一面忙着弄飯弄菜，一面還要照顧我，在她家裡她完全把我當作大表哥，尊敬有禮；她對孩子們也完全像一個慈母，一個家庭主婦；對她的丈夫則顯得淡漠而缺少敬意。

我和朱大明閒談了一會之後，就把話轉入正題，我對朱大明說：

「朱先生，你應該自己想辦法，不該讓夢蘭在外面抛頭露面，這樣實在不成體統。」

我的話說得很重，可是朱大明並不生氣，他只低着頭抽香煙，過了一會才說：

「我實在沒有辦法，一家六口，小孩子要上學，還要穿衣吃飯，還要應酬，我又只能賺這麼幾個錢！」

「那你可以戒煙戒酒？」我說，「既然不能開源，也應該節流才對。」

他向我十分委屈地一笑，吸了一口煙之後才說：

「從前我在家裡抽大砲臺，喝山西汾酒，陳年花雕；現在抽新樂園，老樂園，喝太白酒，這已經降格了，如果要我戒煙戒酒，簡直是不要我活。」

我想不到他會說出這種話來？我有點生氣，因此我說：

「現在不比從前，我們既沒有萬頃良田，銀行裡又沒有大筆存款，生活上自然該儘量節儉。」

「黃先生，你的話我不是不知道，事實上我也非常節儉，我連一套見客的衣服都沒有，可是飯總不能不吃，煙也不能不抽，紅帖子也不能不應付，還有七七八八的開支，我不能偷，不能搶，肩不能挑，手不能提，我規規矩矩，只能賺這麼幾個錢，再要節儉就只好不吃飯。」說到這裡他又抽了一口煙，然後笑着問我：「黃先生，你說人能不能不吃飯？」

本來我很生氣，準備罵他幾句，但他最後一問，幾乎使我笑了起來。他看見我不作聲，一個人又自言自語：

「假如人能不吃飯，那一切問題都解決了。」

「大表哥，你別聽他胡說八道。」夢蘭在廚房裡伸出頭來對我說。

他聽見夢蘭這樣說，又喃喃起來：

「我胡說八道？這是現實問題，人總不能不顧現實，光唱高調那只好喝西北風了。」

「哼！你講起話來倒蠻有理！你怎麼不出去想想辦法？虧你是個男人！」夢蘭馬上搶白他一頓。

「就因爲我是男人，所以才沒有辦法。」他也抱怨起來。

「沒有出息的東西！」夢蘭罵了他一句。

我不願意看見他們夫妻吵嘴，站起來告辭，夢蘭馬上從廚房裡趕出來說：

「大表哥，你不能白跑一趟，沒有菜的飯也應該吃一頓。」說到這裡她深深地望了我一眼：

「你嚐嚐我的鯽魚燉豆腐，你已經十幾年沒有吃過我弄的菜了！」

聽了她的話再看看她的臉色，我心裡眞像刀割一樣隱隱作痛。

朱大明聽見有鯽魚燉豆腐，嘴角上就浮起一絲笑意，同時對夢蘭說：

「妳去小舖子裡買瓶高粱來，今天我要和黃先生痛快地喝兩杯。」

我只好說明我不喝酒，但我不便阻止夢蘭去買，因爲眞要酒喝的是朱大明，我不願意傷害他的自尊。可是夢蘭並沒有聽他的話，反而白了他一眼。

「你前世沒有喝酒，今天你又借着題目做文章。」

夢蘭一轉身，他就打開她的皮包翻錢，翻出了二十塊錢往大女孩子珊珊手上一塞，輕輕地對她說：

「你去買一小瓶高粱來，爸爸好久沒有過癮，今天陪黃家表爹喝兩杯。」

不多久，菜上了，酒也買來了，這頓飯有酒有菜，酒我只喝了兩口，其餘的由朱大明一人「報銷」，鯽魚燉豆腐我却吃個痛快，十年前夢蘭用這樣拿手菜博取我的歡心，可是我辜負了她；今天她又用這樣拿手菜招待我，味道比從前更好，可是她已經兒女成群了，我仍然是光桿一條，我爲了贖罪，爲了懺悔，爲了不再辜負她一片芳心，我只好儘量吃，她看見我吃得痛快，臉上也高興起來。

這天晚上七點多鐘，我又接到夢蘭的電話，她要我出來會她，本來我不想出來，她說有要緊的事和我商量，我只好如約前往。一見面我就問她有什麼事？她不聲不響地從手提袋裡掏出一疊新臺幣往我手上一塞：

「這個還你。」

「妳這是什麼意思？」我奇怪地望着她。

「我不願意你為我負債。」她向我一笑。

她的成熟練達和先知之明使我暗暗吃驚，但我還是掩飾地說：

「你怎樣知道我會負債？」

「大表哥，你不必在我面前擺濶，自己束緊腰帶。」她盯着我微笑，我的臉上一陣熱。

「夢蘭，這點錢又算什麼？妳爲什麼不收下？」我責怪她。

「大表哥，我不能靠救濟生活。」她冷靜地回答。

「這怎麼是救濟？」我極力解釋：「這只是我的一點心意。」

「水菓餅乾已經足够表示你的心意，所以我收下了。」

「夢蘭，這點錢又算什麼？」說着我把鈔票遞還她。

她把我的手擋回來，意味深長地向我一笑：

「大表哥，我無功不受祿，拿了人家的錢我一定要給他適當的報酬，這是我的習慣，你是不是願意接受報酬？」

「夢蘭，妳這是什麼話？」我立刻申斥她。

「我的好表哥，我知道你不願意接受任何報酬，所以我必須把這筆錢送還你。」她調侃地說。

「就算我借給妳，以後妳再還我好了。」我忽然想出這個折衷的辦法。

「現在我不必向你借，自然有人送錢來。」她把兩眉一挑說。

「夢蘭，妳要記住這不是長久的辦法？」我沉痛地說。

她反而哈哈地笑了起來，笑過之後又握住我的手說：

「大表哥，你想得很遠，也很天眞，可是不切實際，我從來不妄想明天的事情。」

夢蘭變了，眞的變了，變得使我非常惋惜痛心，我不能確定這是誰的責任？但是最少有我一份！

爲了使我的良心得到一點安寧，最後我硬把鈔票塞進她的皮包，她再問我是不是願意接受報酬？我閉着眼睛點點頭。

於是她高興地挽着我走進一家旅館，走到一間她非常熟悉的房間，我讓她先走進去，然後迅速地把門反鎖起來。

我悄悄地溜了出來，我眞想找個地方去痛哭一場，爲夢蘭哭，也爲我自己哭；可是街上的人很多，我連眼淚也不敢流。

四

第二天晚飯以前，我像往常一樣打開晚報看看，在社會新聞版我忽然發現這樣一條新聞：

咖啡女郎

投河自殺

屍體由夫認領

死因正調查中

「本報訊」昨日深夜兩點多鐘，發生自殺案一起。一位艷裝少婦在中興橋附近投河自殺，經三輪車伕發覺，立即召警營救，但爲時已晚，撈至岸邊時業已香消玉殞。

死者爲一咖啡女郎，名白夢蘭，三十二歲，內地人，係一有夫之婦，貌美多姿，頗負艷名；近曾結識一位恩客，兩情繾綣；昨夜十時許，偕同該新歡至月宮旅社開十一號房間住宿，該男子並未入室，將房門反鎖後迅即離去；一時許白女亦辭退房間，離開旅社。據旅社下女稱：白女神情頗爲沮喪，臉上似有淚痕。至白女爲何自殺？頗費猜疑，惟警方已獲有力線索，正積極調查中。白女屍體則由其夫認領掩埋。

看完這條新聞我不禁失聲痛哭，一口氣衝出房間，我想去看看夢蘭的遺容，我要撫屍痛哭。可是剛跑到大門口就碰着郵差，幾乎撞了一個滿懷，我瞪了郵差一眼，郵差却笑着對我說：

「黃先生，你有信。」

他隨即從一疊信中抽出一封給我，信封上的字是一個女人的筆跡，看似生疏，又有點似曾相識，我連忙打開一看，是一張包東西的牛皮紙，背面寫着密密麻麻的字，一開頭就稱呼我「大表哥！」我馬上覺得天旋地轉，幸好門框把我抵住，使我沒有倒下去。

我兩手顫抖，全身痙攣，過了一會我才繼續看下去：

大表哥：

你眞太吝嗇了！十年前，你嫌我幼稚，說我是一隻青蘋果，忽略了我一片眞心，但你却帶走了我全部愛情！十年後有幸重逢，但你又嫌我是一隻熟透了的爛蘋果，你雖然嘴裡沒有說出來，可是我心裡却很明白。剛才你把我反鎖在房裡，你悄悄地離開，這眞使我傷心透了！本來我想追出去，但最後的一點女性的自尊，使我望門却步，我眞是又羞！又愧！又愛！又恨！我想不到你竟這樣不近人情？這樣不瞭解女人的心理？我雖是殘絮敗柳，但我要貢獻給你的却是一顆初戀的處女的心，想不到你竟掉頭而去！你眞狠心！

大表哥：我並不想佔有你，我只是想無條件地獻給你，即使你對我毫無愛心，你也可以像別的男人一樣自視爲一個普通嫖客，那又何傷大雅呢？而我却認爲那是天大的恩惠呀！

大表哥：想不到我們相差八歲，竟有這麼大的距離？爲什麼我不大兩歲，你不小兩歲呢？爲什麼蘋果正熟時你不回去採擷呢？結果我只好自暴自棄，讓一個毫不相干，毫不懂得品題的路人隨手摘去了！大表哥！這是多麼令我傷心的事啊！

這兩年來我沒有流過一滴眼淚，可是你走後我哭了兩個鐘頭，現到眼淚哭乾了，我才提筆寫這封信，我不是求你憐憫，也不是求你施捨，我只是讓你瞭解我的心，對於別的男人我完全是假情假意，是一個幹着下賤職業的女人，對於你我却有一顆比黃金更貴更眞的心，可是你太不瞭解我，太不瞭解女人！

大表哥，我不願意苛責你，這一切我只有認命。希望你好自爲之，「有花堪折終須折，莫待無花空折枝！」假如你將來回到大陸，希望你把我的骸骨帶回家鄉，那我就感激不盡了！

夢蘭絕筆

我終於倒下了，但是一個穿着藏靑西裝的人及時把我抱住，等我稍微清醒之後，他很有禮貌地對我說：

「黃先生，請你同我到局裡去。」

我點點頭，上殺場我都去！

平安夜

每年的平安夜，他的心情都不平安。不是一個人枯坐在斗室諦聽階前淅瀝的雨聲，便是望着瑪琍寄來的聖誕卡出神；淅瀝的雨聲滴在階前彷佛滴在他的心上一般凄清。精美的聖誕卡放在面前，自然使他想起那逝去的溫情，因此也使他更加落寞，更加凄清。

Season,s Greetings for a Merry Christmas and a Happy New Year

大衛：

你眞的忘了我嗎？

路茜一九六一

現在他又望着這份剛寄到的聖誕卡出神，那些中國字更使他的心情激盪不已，他拿起又放下，放下又拿起，他自已不知道有多少次？最後他深深地嘆口氣，把它放了下來；呆呆地望着它，眼裡滾動着兩顆沒有掉下的淚珠。

他眞的忘了她嗎？沒有，二十年沒有一天忘記過；沒有忘記她嗎？他又從來不覆她片紙隻字，甚至吝嗇一張聖誕卡。可是他的心在痛，隱隱作痛，每年看到聖誕卡他總泫然欲泣，今年她又加了這些中國字，更使他心情激動無法自抑！

二十年前，他們是一對異國的青梅竹馬朋友，她雖然是白種人，可是身體嬌小一如中國小女孩子，而且雪白的皮膚上有幾點黃色的雀斑，男孩子常常欺侮她，甚至女孩子也罵她「小萍鬼子！」她受了別人的欺侮就向他傾訴，或是哭喪着臉要求他保護。

她到中國來的第一個平安夜，正遇着下大雪，她父親母親和中國校長，老師，牧師們在教堂慶祝聖誕，她唱完了讚美詩之後就和同學們跑到大足球場上玩雪球，教堂的燈火輝煌，大足球場上也是一片銀色世界，雖是嚴寒的冬夜，明亮宛如白晝。

起先他們兩人做堆雪人的游戲，後來她看到別的孩子們打雪仗非常有趣，她也抓了一把雪揑成雪球亂擲，孩子們看見她也來打仗就專們捉弄她，有幾個頑皮的男孩揑成了雪球却不打仗，專往她頸子裡塞，每次她都冰得叫起來，孩子們看見她鬼叫就拍着手嬉笑：

「小洋鬼子叫了！小洋鬼子叫了！」

而當別的孩子把雪球塞進她的頸子之後，她總央求他掏出來，那時她的中國話還講得不好，她作着手勢對他說：

「大衛，挖我的頸子，挖我的頸子！」

孩子們聽她說「挖我的頸子」都哄笑起來，那兩個最頑皮的男孩子又揑着雪球走過來說：

「讓我來挖妳的頸子，讓我來挖妳的頸子！」於是偷偷地把雪球塞進去，她又叫了起來。他費了很大的勁才把雪球完全掏出來，又用小毛巾替她擦乾雪水，別的孩子却拍着手對他笑罵：

「黃文琪，拍小洋鬼子的馬屁！黃文琪，拍小洋鬼子的馬屁！」

他不理他們，他知道他們恨洋人，但他不知道他們爲什麼恨洋人？他只聽見大人們說過什麼八國聯軍，洋人欺侮中國人，但是他沒有看見過八國聯軍，他只看見過路茜和她的父親母親，她的父親母親一點也不兇狠，總是笑臉迎人，路茜更不敢欺侮別人，眼前她還被別人欺侮，所以他對她沒有恨，只有同情，但是他也不敢說自己的同胞不對，甚至他們笑他罵他也不能回嘴。

路茜頸子裡的雪球掏出之後又很高興，別的孩子們在球場上追逐打仗，她又想參加，他拉着她不要她去，她却笑着說：

「我不去，你去！」

「我走了他們又會欺侮妳。」他說。

「大衛，他們爲什麼這樣？」她問。

「我也不知道。」他搖搖頭。

「在我家鄉沒有人欺侮我。」她鼓着小嘴說。

「誰叫妳頭髮這麼黃，眼睛這麼藍，皮膚這麼白？」他笑着說。

「我要是長得和你一樣他們就不了嗎？」她天眞地問。

「那他們就不會叫妳小洋鬼子了。」他說。

「等會我去問問媽咪，我爲什麼不和你們一樣？」她撅起小嘴說。

「鷄是鷄，鴨是鴨，當然不會一樣。」他裝作蠻懂事地說。

他眨着兩隻藍眼睛惶惑地望着他，然後又問：

「你說我是鷄是鴨？」

「妳不是鷄，也不是鴨，妳是洋人。」他說。

「你是什麼人？」她又眨着眼睛問。

「我是中國人。」他說。

「我以前聽說中國人很弱，他們怎麼這麼強？」她用手指指那兩個捉弄她的男孩子。

「我不知道。」他搖搖頭。

這時那群孩子追逐到他們這邊來，那兩個頑皮的孩子把其他的十幾個孩子追得亂竄，他兩人手上的雪球打得很準，一出手就打中一個，打得那些孩子大敗而逃。不知什麼原故，路茜隨手抓了一團雪向那兩個孩子一拋，恰巧打中其中那個姓王的孩子的鼻子，他馬上氣虎虎地衝了上來，抓住她的黃頭髮往地上一按，她被他按倒在雪地裡，那姓王的男孩子騎在她的背上，像武松松打虎樣把她的頭儘往雪裡按，她哭不出來，他急了，隨手抓住那個男孩子的衣領往後一拉，那男孩子被他拉得四脚朝天，仰在雪地上，一望是他，很快地翻身起來，朝他劈面一拳，把他的鼻子打出了血，他還沒有想到回手，那男孩子又一連打了他兩拳，他這才回手，於是兩人扭着在雪地上滾來滾去，他的鼻血滴在白雪上顯得特別刺眼。路茜爬起來看他們兩人在打，又看見他的鼻子出血，嚇得哇的一聲哭了，連忙跑到教堂去，直到她的父母和大人們趕來，他們兩人還扭在雪地滾來滾去，校長一喝才把他們兩人喝開，路茜的母親連忙牽着他，用手絹堵住他的鼻子，路茜的父親把他抱回家裡。他們兩人替他洗臉，用藥棉塞住他的鼻子，然後扶着他躺在路茜的小床上。

這夜他就睡在路茜的家裡，而且和路茜睡一張床。

第二天路茜的父母請他吃烤火鷄，又拿出許多糖果和加利福尼亞的大橘子給他們兩人吃。

這天恰好是禮拜天，路茜的父母要去主持禮拜，爲了安慰他，破例沒有帶路茜去，讓路茜陪着他玩。

「大衛，昨天要不是你，我會被那個壞孩子弄死！」她撅着小嘴說：「Bad boy! Bad boy!」

「以後不要和他玩。」他說。

「你也不和他玩嗎？」她歪着小腦袋問。

「爲了妳我也不和他玩。」他說。

「大衛你眞好！」她摟着他的頸子說：「你和我玩嗎？」

他點點頭。

她馬上把自己的那個大橘子送給他。

「只要你和我玩，我就不和他們玩。」我她自言自語地說：「你要是不和玩、我就要哭了。」

「不要哭，我一定和妳玩。」他安慰她說。

「你和我玩我就不會哭了。」她又向他一笑。

他望着她臉上幾點黃隻斑，覺得她很俏。

「你的鼻子還痛不痛？」她望着他鼻孔裡的兩團藥棉說。

「不痛。」他搖搖頭。

「昨天眞把我嚇死了，我以爲你的鼻子打塌了！」她笑着說：「本來你的鼻子就沒有我的高，要是眞的塌了，那就像個猩猩，多難看？」

「現在像不像猩猩？」他指着自己的鼻子問。

「不像，不像。」她笑着搖頭。

「我還沒有見過猩猩，不知道猩猩怎樣難看！」他說。

於是她比劃了一番，他還是不知道猩猩是什麼樣子？她急得藍眼睛一眨一眨，最後武斷地說：

「猩猩就是猩猩，難看就是難看。」

他望着她一笑，她却叫他不要笑：

「你不要笑，我實在講不出來，我畫給你看。」

於是她用粉筆在地板上畫起來，畫得臃腫不堪。他笑着說：

「這是聖誕老人，不是猩猩。」

「是猩猩，」她爭辯着說：「猩猩是黑的，身上有毛，聖誕老人不是這樣，手也沒有這樣長。」

他不和她爭辯，因爲他沒有看過猩猩。

接着她又形容猩猩的力氣有多大，她說如果她是猩猩，那個壞孩子就不敢欺侮她。

「你要有猩猩那麼大的力氣，你的鼻子就不會被他打出血。」她說。

這時他的鼻子不知怎樣又出了血，她連忙在小醫藥箱扯出兩大團棉花替他塞上，像哄洋娃娃樣地摟着他的頸子呵護，然後兩手搭在他的肩上端詳他，又忽然向他一笑：

「你一點都不像猩猩，你比猩猩漂亮，你很漂亮。」

他不知道她說這話是什麼意思，只是怔怔地望着她，把小嘴一撅，艾怨地說：

「大衛，你只看我，怎麼不吻我?」

「我們不作興，我怕羞。」他紅着臉說。

「我爹地總是吻我媽咪，這有什麼羞?」她撅着小嘴說。

他紅着臉不作聲，她主動地在他臉上親了一下。

六年後的平安夜，她已是十五歲的少女，雖然個子沒有一般美國女孩子高大，可是却像秋天的蘋果一般成熟，比與她同年的中國女孩子懂事得多，大方得多。他雖比她大一歲，也沒有她那麼懂事。

這個平安夜，她父母在家裡舉行了一個小型派對，教她和他跳舞，直到深夜他才歸去，她主動地送他。

他們的校園很美，範圍很大，水泥路的兩旁盡是高大的楓樹，路上靜悄悄的只有他們兩個人。

她挽着他的臂膀偎依着他慢慢地踏雪而行，如同他母親偎依着父親，他們的脚步在雪地上留着一双双深深的脚印，她不時回頭望望他們的脚印。

「大衛，你將來結婚是娶中國女人，還是外國女人？」她突然這樣問他。

「我不知道。」他笑着搖搖頭。

「你說中國女人好還是外國女人好？」她搖撼了他一下。

「這很難說？」他向她一笑。

「你是不是也歡喜林黛玉那種美人？」她剛看過「紅樓夢」，對林黛玉的印象很深。

「現在還說不定。」他說。

「怎麼你對女人一點也不留心？」她白了他一眼。

「除了妳以外，我沒有接近過別人，怎麼留心？」他向她一笑。

「我看你對我也不留心。」她艾怨地說：「你知道我今年幾歲？」

「十五。」他說。

「不，」她搖搖頭：「照你們中國人的算法我該是十六。」

「十五十六又有什麼關係？」他向她一笑。

「哼！十六就是大人了。」她把鼻子一聳，胸部一挺站着不動：「你看我像不像個大人？」

他看她發育得那麼豐滿，才突然覺得她一下子長大了，他心裡不禁又喜又驚，感慨地說：

「路茜，妳眞是個大人了！」

「哼！你還沒有吻過我呢！」她向他一笑。

他的臉一紅，看她笑得像一朵五月的玫瑰，成熟得像一隻八月的蘋果，他不禁擁抱着她狂吻起來。

她得意地笑了，藍眼睛閃着快樂幸福的光輝。

她繼續送他走了一會，快到男生宿舍時，她又撒嬌地要他送她回去。他說雪夜白得可怕，她怕碰到無常鬼。

「那妳爲什麼要送我回宿舍？」他笑着問她。

「我不借機會送你出來，你怎麼會吻我？」她向他一笑。

他也忍不住嗤的一笑說：

「路茜，妳的花樣眞多，林黛玉可不像妳。」

「她太軟弱，我愛妳就要你吻我，這有什麼不對？」她笑着回答。

「路茜，妳對，林黛玉不對。」他也笑着回答。「如果妳是林黛玉，我也要出家做和尙了。」

「別做和尙，再過幾年，我們結婚吧！」她銀鈴般地笑起來。

「什麼日子？」他故意問。

「平安夜。」她不假思索地回答。

他送她到庭院門口時，她突然站住，笑着對他說：

「你回去吧。」

他眞的轉身就走，她却輕輕地叫住他：

「大衛，你沒有禮貌！」

他心頭一怔，突然回轉身來，她正好抱住他，熱情地擁吻，他感到一陣喝着葡萄酒般地陶醉，他脚下踏着新雪，身子像懸在半天雲裡。

「Darling! Merry Christmas!」她在他耳邊輕輕地說，然後輕盈地閃進去，三步兩步跳上石階，大聲地叫了一聲：

「媽咪。」

他不禁失聲一笑，輕輕地說：

「眞是一個可愛的女洋鬼子！」

以後他們自然地沉入愛河，過着神仙般的歲月，路茜的父母明明知道他們的相愛，可是並不禁止，反而常常邀他到家裡來，陪着路茜彈琴，聽留聲機。

可是由於中日戰爭的關係，次年的平安夜，路茜和她的父母終於搭船回國，這是一條直放舊金山的油輪，船期無法更改。臨行的那天，路茜留給他無數的熱吻，無數的眼淚，她的一對藍眼睛哭成一對紅葡萄了。

白雲蒼狗，歲月悠悠，他終於不得不收起這段殘夢，而每年的平安夜，他都把自己關在房間裡，他怕見那耀眼的白雪，怕聽那悠悠的聖誕鐘聲。

韓戰以後第三年的平安夜，他被一個朋友拉去吃火鷄，又喝了點酒，那朋友留他跳舞，他不肯，獨自溜了出來，他匆匆地穿過錦州街的斑馬線時，一輛賓字號的轎車，風馳電掣地直射過來，一陣急風把他撞倒，車子嗤的一聲在他身邊停下，一位中年美國婦人連忙跳下車扶他起來，扶進車廂，送到馬偕醫院，住進單人病房，護士小姐要他在掛號單上簽名，他寫了黃文琪三個字，那位美國婦人馬上驚叫一聲：

「啊！大衛！」

他的神志有點昏沉，望望她似曾相識，一時又記不起在什麼地方見過？最後他注意到她臉上那幾點黃雀斑，這才恍然大悟，深深地嘆口氣說：

「路茜，我眞想不到是妳？」

她緊緊地握着他的手，坐在床沿，關心地問：

「傷在什麼地方？不要緊吧？」

「沒有關係，只是受了一場虛驚，手上擦破了一塊皮。」

「啊！大衛！」她把頭埋在他的胸前，很久很久才抬起。

「妳什麼時候到臺北來的？」他問。

「三個月前。」她說。

「一個人來？」

「不，」她搖搖頭：「和我先生卡爾上尉。」

他淒然一笑，然後說：

「路茜，我祝福妳。」

「大衛，你結婚沒有？」她關心地問。

他苦笑地搖搖頭。

「爲什麼？」她奇怪地問。

「妳走後我們一直在戰爭，我一拖再拖，現在連談戀愛的資格都喪失了。」

「啊，大衛！」她又把頭埋在他的胸前，泫然欲泣。

他撫摸着她金黃的頭髮，心亂如麻，他做夢也沒有想到會在臺北市碰到二十年前的愛人，而且幾乎死在她的輪下。

她的頭埋在他的胸前好幾分鐘都不抬起來，他搖搖她的兩肩說：

「路茜，快點回去，也許卡爾上尉在家裡等妳？」

「他不在家，他到東京去了。」她抬起頭來說。

「那眞遺憾，妳一個人在臺北過聖誕。」他說。

「大衛，你陪我回去過個快樂聖誕好不好？」她請求他說。

「路茜，我很抱歉，我不能去。」

「你的手沒有關係，」她抬起他的手說：「等會護士小姐來包紮一下就好了。」

「路茜，不是這個問題。」他搖搖頭。

「那你又爲什麼不去？」她睜着藍眼睛望他。

「現在不是二十年前，我不能去。」

「大衛，沒有關係，就是卡爾在家，他也很歡迎的。」

「路茜，我是中國人，我有中國人的看法。」

「大衛，怎麼說你是我第一個情人，你總不能讓我一個人冷冷淸淸？」她泫然欲泣地說。

「路茜，當我們是小孩子的時候，我們曾共睡過一張小床，可是現在我們都是大人，而且妳已經結婚。」

她終於啊的一聲哭了起來。

「路茜，別哭，」他拍拍她：「妳記得我被別人打鼻子我也沒哭破嗎？」

她突然抬起來一笑，又摸摸他的鼻子。

「大衛，那次要不是你，我可要被王漢整死了，」她笑着說：「王漢也在臺灣嗎？」

「不，他在大陸，聽說當了我們縣裡的縣長。」他說。

「哦，他是共產黨？」她的嘴微微一張。

「我同他分別很久了，是不是我也不大清楚。」

教堂裡突然傳來噹——噹——的鐘聲，他們側耳傾聽，她突然抓住他的臂膀搖撼着說：

「大衛，這鐘聲多像我們那個教堂的鐘聲啊！」

「是的，它太像我們那個教堂的鐘聲了！」他熱淚盈眶地說。「不知道敲鐘的是不是那個校工老張？」

「啊，大衛，我們一道去教堂吧！」她拭拭他的眼淚說。

「路茜，我想睡一會兒，妳一個人去吧！」他從幻夢中突然淸醒過來。

「好的。」她無可奈何地站了起來。在他額上輕輕一吻，又輕輕地說：「Darling，Merry Christmas!」

她悵然地走了，走到房門口又回過頭來對他說：

「大衛，明天上午我來看你。」

「謝謝妳，路茜。」他說。

第二天清早，他付清房錢和醫藥費之後，留下一封信，悄悄地走了。

九點多鐘，她捧着一大束鮮花，興冲冲趕到醫院，護士小姐交給她一封信，她迅速地展開讀下去：

路茜：

我眞的做夢也沒有想到會在臺北碰到妳，而且是在平安夜。這二十年來我一直沒有平安的過平安夜。

不管怎麼說，看到妳我總是高興的，即使妳的車輪從我身上輾過我也是高興的。

請原諒我沒有等妳，妳只當昨天我已死去，不用爲我難過，人生就是如此。路茜，努力忘記過去吧。

祝福妳和卡爾。

大衛

她看完信，熱淚不禁奪眶而出，淚珠滴在紅色的大理菊上，滴在紅色的玫瑰上，像一顆顆晶瑩的露珠。

以後她費了很多時間，才打聽到他的通訊地址，她寫了很多信他一封也沒有覆，每年聖誕她都給他寄去一份精緻的聖誕卡，而且一定在平安夜寄到，他也從來不回她一個，她並不生氣，年年此日照寄不誤。

他看到她的聖誕卡，內心裡總不免一陣痙攣，眼睛自然會充滿淚水。今年的聖誕卡她又添了「大衛，你眞的忘了我嗎？」這句話，他心裡更隱隱作痛。

「大衛，你眞的忘了我嗎？」這句話重重地敲叩他緊閉着的心扉。

「我眞的忘了她嗎？」他也在心裡這樣拷問自己。

可是她得不到答案，他自己也得不到答案。代替答案的是他眼裡盈盈欲滴的淚珠，一個中年人苦澀的淚珠。

敎堂的聖誕鐘聲響了，他的眼淚也隨着一下一下的鐘聲一顆一顆地滴落。

凱塞琳・萊蒙托夫與我

一

平地十月下霜，廬山十月却飛雪了。

所有上山有避暑的人，統統下了山，夏天冠蓋雲集的盛況，已經烟消雲散，眼前所見的祇是寂寂的空山。

不論是紅瓦石牆的半山別墅，或是吼虎嶺下的鐵皮洋樓，大多是鐵將軍把門，十室九空，偶爾有一兩家雇了個把年老的工人看守房屋，但他們也多半足不出戶，躲在偌大的石屋裡享清福。

我的朋友許大拔也携眷下山了。臨行前我們曾經有過一番爭執，他要我一同下山去，我無論如何不肯，他幾乎是生氣地對我說：

「你這是何苦？一個人留在山上有什麽意思？」

「我有我的意思，你不瞭解。」我說。

「笑話，我們拖鼻涕就在一起，你睞睞眼睛我就知道你打什麽鬼主意？我怎麽不瞭解你？」

大拔望着我一笑，彷彿看透了我似的。

「我們拖鼻涕的時候已經過去了。」我大聲地提醒他：「現在輪到你的兒女了！」

他望望自己那對洋娃娃般的兒女，得意地一笑，又同情地望着我說：

「一飛，靜宜早已下山去了，你一個人留在山上實在無聊。別人是在山上歇伏，你怎麼留在山上過多呢？」

「你別管我，你只管把鑰匙交給我就行了。」我說。

「一旦大雪封山，你一個人怎麼辦？」大拔的太太婉容對我說。

「婉容，妳不必躭心，我會活下去的。」我對她說。

「一飛，我勸你不要鑽牛角尖，」大拔挿嘴說：「你同靜宜的事我和婉容都很瞭解，但是我們無能爲力，我們知道靜宜始終愛你，你不要誤會。」

「我不會誤會，我比你們更淸楚。」我說。

婉容深深地嘆口氣，然後望着我悠悠地說：

「一飛，我希望你不怪靜宜才好，也許她比你更痛苦？」

「我從來沒有怪過她。」我說。

「那你們是眞正地瞭解了。」她安慰地一笑。

「一飛，早知如此，那我們都不要長大才好？」大拔忽然天眞地對我說。

婉容聽了噗哧一笑，又溫柔地白了他一眼。

「大拔，你是應該長大的，你長大了更加幸福。」我笑着說，我知道我笑得不很自然，因爲大拔和婉容的幸福生活，幾乎使我有點妬嫉。

「一飛，我看你也是自討苦吃，」大拔望了我一眼：「你還是和我們一道下山吧？」

我堅決地搖搖頭。

婉容看看無法改變我留下去的意志，便轉過頭去對大拔說：

「大拔，一飛不像你，他耐得住寂寞，那就讓他在山上靜靜地過個冬天吧？」

大拔嘆口氣，然後以一種陌生的眼光望着我說：

「一飛，我眞的不大瞭解你了！」

「大拔，把房子的鑰匙給我吧？」我伸出手說。

大拔無可奈何地從大衣口袋裡摸出一串鑰匙，將其中一個最大的鎖大門的鑰匙解開遞給我，然後帶着婉容和兩個天使般的孩子回自己的房間睡覺。

我獨自坐在火盆邊，無意識地用火箸撥動盆裡的炭火，窗外山風尖着嘴，呼呼地吹着口哨，說不定又會吹下滿天大雪來。

不久，我聽見大拔房裡響起均勻的鼾聲，山上很靜，除了外面的風聲之外，房子裡即使落下一枝繡花針也聽得出來。

這夜我一直沒睡，天亮後推開窗子看看外面的天色，彤雲密佈，像要下雪的樣子。

大拔和婉容也起得比平時早，他們發現我沒有睡覺，都顯得有點驚異，但又不便探問。我看他們忙着收拾行李，便自告奮勇地跑到牯嶺去替他們雇了兩乘轎子。

吃早飯時婉容特別提醒我說：

「米只够吃兩天了，你要早點預備過冬的糧食，原先我以為你會同我們一道下山，所以沒有買米，現在又來不及了。」

「妳放心走好了，我會料理自己的。」我說。

飯後，我把大門一鎖，送他們到牯嶺，大拔不好意思坐轎子，在地上陪着我走，可是轎伕走得太快，我們兩人邊跑邊談，送到牯嶺街的出口，大拔無論如何不要我再送，他坐上轎子又回過頭來對我說：

「要是山上寂寞，你就下來，不必自苦。」

我笑着向他們揮揮手，目送轎伕抬着他們匆匆地下山，望着這對幸福的夫妻漸去漸遠，我的眼睛也漸漸模糊，我突然有一種被世人遺落的淒涼況味。

回來時我順便在街上的雜貨店裡帶了一些油鹽，在路上我又碰見兩個從山南挑米上山來賣的農人，我把兩擔米都買了下來，準備吃到春暖花開。另外我又買了幾擔炭，這樣即使冰雪封山三兩個月，我也不致於餓飯了。

大拔他們走的那天晚上就下了一場大雪，如果他們不是爲了我是絕不會拖到十月才下山的。幸好他們走早一步，要是再遲一天，他們就只好在山上過多了。因爲好漢坡太陡，加上冰雪太滑，轎伕不敢抬，婉容和孩子們更不敢走，而大拔又不會穿草鞋，一家人怎麼能下山呢？我一個人是無所謂的，而且我是自願留在山上，讓冰雪和寂寞陪伴我，打發空山寂寂的歲月，咀嚼人生的苦果。

二

山是一片雪白，雪的光亮幾乎刺得我睜不開眼睛。看不見半山別墅的紅瓦，看不見吼虎嶺下的鐵片屋頂，看不見杉樹的綠葉，看不見黃沙路，放眼望去，盡是一片雪白。路上，屋頂上已經積了一尺多深的雪，而山坳裡的積雪足有兩三尺深了。

沒有一隻飛鳥，沒有一個行人，眞是「千山鳥飛絕，萬徑人踪滅」，山像死樣地寂靜，與冠蓋雲集的夏天，是一個強烈的對比。

沒有一絲風，雪花在輕輕地飄落，垂直地下降。落雪天反而沒有釀雪天冷。

我穿着皮袍，戴着呢帽，圍着長圍巾，戴着皮手套，拿了一根黃龍寺老和尙送給好的拐杖，我準備在這個大寂寞的銀色世界踽踽獨行。

山上的路我很熟，我知道那裡有靑芝老人的石凳？那裡有水溝？那裡有山洞？那裡有瀑布？我不就心失足。

當我把大門拉開，門邊的積雪像一堵小牆似地倒進來，倒在我的脚上，幸好我穿的是長統緊口棉鞋，雙脚一抖，便把雪抖落下去。爲了怕它在房子裡融化，我隨手拿了一柄鏟子把雪鏟掉，然後走了出去，把鐵皮包着的大門鎖上。

雪落在我的身上，我沒有絲毫感覺；我的脚踏在雪上，却現出兩個深深的脚印。

這眞是一個大雪封山的日子，我沒有看見任何生物，沒有聽見任何聲音，我是唯一的人，唯一在雪中踽踽獨行的人。

在這樣一個靜寂的世界裡，我可以放聲大哭，放聲長嘯，以打破這亘古以來的大寂寞，但我沒有這麼做，我願意讓我的眼淚向心裡流，那是我貯藏痛苦的秘密處所。我只用守元老和尙送給我的手杖在平坦的白雪上寫着「靜宜」兩個大字，我心中無物，只有靜宜一個人在那裡隱居。

我寫下的字很快地便被新落下的雪掩蓋了，但雪蓋住了舊的，我又寫下新的，我一路走，一路窩下去，我不躭心別人罵我神經病，因爲除我之外沒有第三個人。

我向黃龍寺那個方向走去，我沿着山轉，轉來轉去仍然不見一個行人，我身上的積雪却越來越厚了，我幾乎變成一個雪人。

走到黃龍寺前面的那兩棵大「寶樹」下，我便停下來仰着頭向上望望，這兩棵樹幾乎是一般高大，它們像兩位親蜜的戀人並肩而立，春天時是滿頭青絲，現在却是盈盈白雪了。

黃龍寺的守元老和尚和我這個俗人相處得很好，我第一次到黃龍寺遊玩，他就笑着說我生有「慧根」，那時我還是一個學生，他頗有收我作弟子的心意。後來我聽說他本來也是一個俗人，而且當過師長，四十歲以前曾經叱咤風雲，四十歲以後不知道什麼原因突然看破紅塵，剃度出家？現在是貌如彌勒，心似古井。因此每次走到黃龍寺我都要進去看看他，今天自然也不例外。

在這樣的大雪天我突然造訪，也出乎他的意料，他一看見我就雙掌合十地問：

「怎麼？你還沒有下山？」

「我不下山了。」我說。

「你還是住在朋友家裡？」他邊說邊把我引進他的靜室。

我點點頭。

「你朋友也在山上過冬？」

「不，他們下去了。」

他隨即從火盆旁邊提起洋鐵冲壺，抓了一撮上好的雲霧茶葉放在朱紅金邊的蓋盌裡，用滾燙的開水一冲，笑着對我說：

「喝盌開茶，散散寒氣。」

我謝謝他的盛意，便在他對面坐了下來。他笑着問我：

「怎麼冬天也捨不得下山？」

我說我想看看山上的雪景，他又向我一笑：

「不怕寂寞嗎？」

「我歡喜寂寞。」我說。

他不相信地看了我一眼，隨後又一笑：

「能够歷練歷練也好，人要是能衝破七情六慾的魔障，也就用不着出家了。」

我沒有接腔，雖然我很痛苦，但我還沒有想到出家，我寧可受情感的折磨，也不想藉宗教的力量使自己超脫。

他看我不作聲，又慈眉一展：

「我早就看出你是個很有慧根的人，只是情孽太重，很難解脫。」

「老法師，我是一個俗人，請不要以如來的眼光看我。」我連忙替自己解脫。

老和尚哈哈一笑，便不再和我談這些事，告訴我一些在山上過冬應該注意的事情。

喝完了一杯熱茶之後，我便告辭出來，外面的雪已經停止了。

我循着原路回去，在半途中我遇見一個金髮碧眼的女孩子，她站在一棵松樹下面，把兩手塞在大衣的口袋裡，靜靜地凝視雪上的字，她的臉凍得白裡透紅。

我不知道她是美國人，英國人，還是法國人？但她使我覺得非常奇怪，凡是上山避暑的洋人，八月中秋一過便紛紛下山了，這樣大雪封山的冬天是看不到他們的，怎麼此時此地還有這麼年輕的女洋鬼子？

她似乎只注意雪上的字，沒有注意我，當我從她身邊擦過時她才突然警覺，大方地看了我一眼，我走過之後，她又突然叫起來：

「喂！這兩個字是不是你寫的？」她指着雪上的字問我。

我大大地一驚，她居然認識那兩個字？而且會講很好的中國話？我不禁站住，向她點點頭。

她馬上向我一笑，又指指雪上的字說：

「我知道，這是一位小姐的名字。」

我又點點頭。

「嘿！你在戀愛是不是？」她指着我嘿嘿地笑起來，笑得很悅耳。

我想不到她這樣單刀直入，一語道破，如果她是一個中國女孩子，我會討厭她毫無含蓄，但她是一個金髮碧眼的外國人，我就原諒了她，因爲她們在庭院裡，在大路邊，當衆與男孩子擁吻的事我在此地看得太多，也就不以爲怪了。

我不回答她的問題，我正在傷心，也不知道怎樣回答才好？我望了她一眼反問她：

「妳是英國人還是美國人？」

「不是英國人，」她笑着搖搖頭：「也不是美國人。」

「那妳是法國人了？」我以爲這一下一定猜對，因爲在牯嶺避暑或居住的洋人多是英美法人，其他國家的人我還沒有發現過。

「更不是。」她天眞地一笑，露出一口整齊雪白的貝齒，又示意我說：「你再猜猜看？」

「對不起，我猜不着。」我轉身想走。

她看我想走，馬上走近兩步向我一笑：

「好，我告訴你，我告訴你。」

我正等她說出，她又一頓，黯然地對我說：

「要是我說出來，你該不會瞧我不起吧？」

我搖搖頭，她又恢復了少女的純眞，向我一笑：

「我是俄國人，白俄，你想不到吧？」

眞的？我完全沒有想到，我知道白俄是沒有資格住牯嶺的，在這以前我在這一帶只看見過兩個白俄，一個是三十來歲的白俄男人，穿得相當襤褸，不但在白人當中顯得特別刺眼，在這整個高級住宅區也顯得非常不調和，他彷彿一條癩皮狗在天堂的路上走過，他的偶然出現就給了我一個落魄的流浪人的深刻印象。另外一個白俄是和我差不多大小的男孩子，那時我只有十二歲，他和我在吼虎嶺打過架，他的力氣很大，但是有點自卑，明明他可以打得過我，但是他不敢戀戰，一抽身子就溜跑了。

這兩個白俄給我的印象都很深。她是第三個。

我重新打量了她一下，她的身體豐滿極了，在白人當中要算是一個漂亮的少女，她具有一種落魄公主般的高貴氣質，看來不超過二十歲。

「妳叫什麼名字？」我問她。

「凱塞琳，」她向我一笑：「這是俄國名字。中國名字是李蓮，蓮蓬的蓮。」

我驚奇地望着她，她不但中國話講得很好，中文好像也懂得不少，不像那個和我打架的白俄孩子，一句中國話也不會講，只會哇哇叫。

「不要奇怪，我是生長在東三省的，」她看出了我的驚疑，便自動解釋：「九一八以後我又到關內來了。」

我不禁哦了一聲，隨後又問：

「妳什麼時候上山的？怎麼還不下去？」

「今年秋天，」她說：「我和我父親替美國人史密斯看房子。」

「妳不怕冷？」我看她的衣服穿得比我少，外面一件灰色舊大衣，裡面一件粉紅色毛衣，下身只穿一條黑裙子，脚上穿的是舊皮鞋，在這樣的大雪天，顯然是不够禦寒的。

「不怕冷，」她笑着搖搖頭，「東三省比這裏更冷，今天才零下五度，我在零下十五度也過過。」

「妳住在那一家？」我問。

「那邊，」她指指吼虎嶺下一棟堅固的大房子：「第三家，你呢？」

我指指半山一棟紅瓦石牆的精緻小別墅：

「我住在那一家。」

「你的房子很漂亮。」她向我一笑。

「不是我的，」我搖搖頭說：「是我朋友的。」

「你朋友也沒有下山？」

「下山了，我一個人住。」

「一個人住？」她驚奇地望着我：「不怕？」

我搖搖頭。

「眞怪，你爲什麽要一個人住在山上？」她偏着頭望我。

「對不起，我不能告訴妳。」我抱歉地說。

「你爲什麽要寫這兩個字？」她笑着指指雪上的字：「而且一路寫下去？」

「對不起，我不能告訴妳。」

她望了我一眼，然後一笑：

「你這人眞怪！」

我向她告別，她却走近我說：

「你不去看看我父親嗎？所有的人都下山去了，這裡只有我們三個人哪！」

她這一說使我不便馬上離開，我略一遲疑她就挽住我的手，連拉帶拖地向她的房子那邊走去。走了幾步她又向我一笑：

「哦，對不起，我忘記了請教貴姓大名？」

「黃一飛。」我說：「妳父親的大名呢？我怎樣稱呼他？」

「以前別人叫他萊蒙托夫將軍，你叫他萊蒙托夫先生好了。」

「妳母親呢？」

「一生下我就死了。」她聳聳肩膀。

「那妳是父親養大的？」我同情地看了她一眼。

「嗯，」她點點頭：「我和父親相依爲命。」

她住的房子有一個很大的石砌院子，走到院子門口，她鬆開我的手，打開院門，和我並肩走上臺階，大聲地向裡面說：

「爸爸，我帶了一個客人來。」

房子裡面有脚步聲響，一分鐘後有人把門打開，一個六十左右的白人，滿臉灰白的鬍鬚，頭髮也是灰白的，兩眼仍然很有神采，凱塞琳把我介紹給他之後，他馬上伸出大手和我一握，用流利的中國話說：

「歡迎！歡迎！想不到我和凱塞琳之外，還有黃先生！」

我隨即被他們父女引進屋來，他把門一關，屋子裡就顯得暖和多了。

萊蒙托夫的個子相當高大，只是背有點駝，在膚色上看起來，他和英美人沒有什麼差別，只是神情凝重一些，眉眼之間有很深的悒鬱。

他把我帶到火盆旁邊坐下，又要凱塞琳去廚房裡拿了三個長長的，上部帶點綠色的蘿蔔來，這是山上的出產，黃龍寺的和尚們就種了一些，這種蘿蔔彷彿雪梨一般，稍稍帶點辣味，可惜出產不多。

凱塞琳用小刀先削了一個遞給我，隨後又削了一個給她父親，最後才削給自己。

「凱塞琳住在這裡很寂寞，以後希望你時常過來玩。」萊蒙托夫一面吃蘿蔔一面對我說。

「我會來看你們，」我說。「我們住得很近。」

「黃先生，不瞞你說，我們是替史密斯看房子的，想不到你還有興趣在山上過多？」

「我想看看山上的雪景。」我言不由衷地說。

凱塞琳望着我一笑，萊蒙托夫却以爲我說的是眞話，笑着說：

「是的，山上的雪景不壞，你們中國人都有詩人的氣質，你大概是想在山上寫詩？」

我連忙否認說我不會寫詩，他懷疑地望着我感慨地說：

「你們中國詩很好，可惜我不能完全懂，我眞想請你敎敎凱塞琳讀中國詩，那可以轉變她的氣質。」

我自己懂得也太少，我不敢接受這個任務，萊蒙托夫廢然一笑：

「我知道，你看凱塞琳太野了，比起你們中國女孩子，她是野了一點。但比起她自己的同胞，她又好多了。」

「不，她不野，很好。」我爲了不使萊蒙托夫自卑，失望，隨口讚美了凱塞琳一下。

凱塞琳却望着我得意地笑笑。

「黃先生，山上沒有別人，以後希望你多多指導她。」萊蒙托夫誠懇地說。「凱塞琳和我都是喪失了國籍的人，處處要靠朋友幫忙。」

萊蒙托夫的誠懇，悲凉，使我深受感動，我雖然不願意有人干擾我的索居生活，但我也不能不這樣說一句：

「我會儘可能地幫助她。」

萊蒙托夫的眼睛裡面馬上露出興奮感激的光彩，凱塞琳望着我快樂地一笑。

萊蒙托夫要留我吃飯，我堅持不肯，我知道山上什麼都貴，尤其是大雪封山的日子，有錢也買不到東西，何況萊蒙托夫不會有錢，否則他便不會替史密斯看房子了，因爲這不過是一個普通工人的待遇，怕冷的人還不肯幹呢。

萊蒙托夫看看留我不住，便對凱塞琳說：

「妳送黃先生過去。」

我一再婉謝，凱塞琳還是送我出來。

外面又飄起鵝毛般的大雪了。

三

雪落在我的呢帽上，落在凱塞琳的金黃色的頭髮上。

我們剛離開溫暖的火盆，一走進大雪裡，就感到特別冷，我的身體哆嗦，她的身體也哆嗦，我不知道我的臉上冷成什麼顏色？她的臉卻像熟透了的蘋果一般紅。

雪很深，雪下的路面卻結了一層冰，因此下坡時很滑，她緊緊地挽住我的臂膀，我卻倚仗着拐杖。

從她住的地方到我住的地方，隔了一條馬路，一條小溪，我們必須繞過一座小橋，再爬上半山，才能達到我住的屋子。

我這邊的路比她那邊的窄，上山也不好走，因此我在橋邊停住，請她回去。她卻笑着對我說：

「讓我看看你住的地方到底是什麼樣子？」

我不便峻拒，只好牽着她上山，她不像中國女孩子那麼柔弱，她並沒有倚仗我，反而領先爬上去，我這才恍然大悟，先前她那樣緊緊地挽住我至少有一半是偽裝的。

我把門打開，她先進去，屋子裡被外面的雪光照得很亮。

我朋友這所房子一共有三間臥房，一個小客廳，一間厨房厠所，我只保留厨房厠所，和一個臥室兼作書房，其餘統統上了鎖。因此我只好把凱塞琳帶進我的臥室。

凱塞琳看見我桌上有很多書，非常高興，她望望書桌又伸手翻翻，那裡面有古典的、有現代的、有線裝的、也有精裝的，但只有少數幾本是我和靜宜的，其餘的都是大拔的。

「都看得懂嗎？」我笑着問她。

她笑着搖搖頭，然後又問我：

「你眞的肯敎我嗎？」

「我還不够資格敎妳。」我添了幾塊新炭在火盆裡，下雪以後，我房裡的火盆是不斷火的。

「聽我爸爸說這本書是談鬼的？」她抽出一本聊齋，指着問我。

「還談狐狸。」我笑着說：「狐狸會變成漂亮的女人，妳信不信？」

她不答覆我的問題，反而笑着問我：

「你一個人住在這裡，晚上怕不怕狐狸？」

我沒有想到她會問這樣的問題，有點發窘。

她看我不知道怎樣回答，高興地笑了起來。

「雪下得很大，快點回去，」我望望窗外一團團的雪花說：「妳父親在等妳。」

她也望望窗外的雪花，又望望自己被厚厚的積雪壓蓋着的屋頂，突然把手上的書一揚說：

「這本書我借回去，請爸爸講給我聽。」

「好，」我點點頭，隨後又問：「妳爸爸看得懂嗎？」

「他比我好一點，」她向我一笑：「我們會慢慢地猜。」

「你看不看俄文書籍？」

「看，我看過『戰爭與和平』，和普希金的詩。」她說：「但是我的俄文和中文一樣不好。」

「妳願意作個中國人還是俄國人？」

「這很難說，」她臉色突然暗淡下來：「我父親愛俄國，但俄國不要他；我愛中國，但中國又不要我。他的思想使他在中國流浪，我的皮膚又使我在中國流浪。你叫我怎麽說？」

我怔怔地望着她，我有點後悔不該問她那樣的話。

她看我有點尷尬，隨即笑着把書一揚：

「不要呆頭呆腦，我回去了！」

於是她迅速地走出我的房間，走出大門，冒着大雪走下山坡，轉過小橋，在橋上又回過頭擧起書來向我揮揮，然後匆匆地跑了回去，走到門口又向我的房屋望了一眼。

我一個人坐在火盆旁邊，百無聊賴。山上眞靜，沒有一點風，雪落在地上也沒有一點聲音，我望着窗外斜纏着的雪花，幾乎聽見自己的心跳。

我讓寂寞啃噬着我，我的心是空空蕩蕩的，彷彿窗外飄着的雪花，一無倚托。我思念着靜宜，但靜宜不會屬於我，我有萊蒙托夫一般的凄凉，凱塞琳一般的惆悵。

山上的夜一向比平地來得早，但是這樣的大雪天却晝夜不分，午夜的雪光仍然耀眼，我坐在火盆邊也沒有時間觀念，我心事重重，睡不着覺，黃龍寺守元老和尚的話也在我心裡撞來撞去，他說我情孽太重，但我只愛過這一次，這又算什麼情孽？他說我很有慧根，但我寧願憂傷以死，也決不願披一襲袈裟，以求解脫。

不知道什麼時候，我坐在火盆邊靠着床舖睡着了。直到剝剝的敲門聲把我驚醒，我才感到一股特別的寒氣的侵襲，原來火盆裡的炭火快熄滅了。

門又剝剝地敲了幾下，我以爲是郵差送掛號信。只好先去開門，門剛一打打，凱塞琳便跳了進來，她盯着我的臉上看了一會，突然一笑：

「你昨天晚上是不是被狐狸迷住了？」

「這裡沒有狐狸。」我正色地說。

「我和爸爸昨天晚上看得很晚，」她揚起手上的聊齋說：「要是狐狸眞能變成那樣漂亮的女人，那你們男人都要着迷了。」

「放心，迷不住我。」我隨手把門關上。

她逕自走進我的房間，看看火盆裡只有一點點火星，她驚奇地問：

「你怎麼不加炭，你不冷？」

「我剛剛被妳叫醒。」我說。

「怎麼起得這麼晚？快十點了！」她望了我一眼，連忙拿起火箸替我加炭。

我的錶忘記上發條，停在六點十五分。我上緊發條之後對她說：

「凱塞琳，讓我對對妳的錶。」

「我沒有錶。」她站起來向我一笑。

「那妳怎麼知道快十點了？」

「我爸爸有個老火車頭，我過來時已經九點四十五分。」

於是我把錶撥到十點。

「你還沒有吃飯吧？」她望着我臉上說。

我搖搖頭，我已經兩頓沒有吃了。炭很乾，她加上不久就嗶嗶剝剝地響了起來，她又低着頭用嘴輕輕地吹，吹得火星四濺，噴上了她金黃的頭髮，燒出一種焦味。

我要她不必再吹，她才抬起頭來向我一笑，又跑到厨房去把剩飯剩菜拿過來，飯菜已經冰得像石頭。

她建議我煮泡飯吃，我表示同意，於是她把菜倒進飯裡，把鍋放在火邊，隨後又去水缸裡弄水，水缸裡已經結了一層冰，她小心地把冰敲破，弄了一冲壺水來，倒了一些在鍋裡，然後把冲壺放在火邊。

她做事時我沒有打擾，她做完了這些事我鄭重的說了一聲謝謝，她高興地一笑：

「可惜我沒有你們中國女人會做。」

「妳做得很好。」我誇獎她一句。

「眞的？」她高興得跳了起來。

我不敢再誇獎她，我不知道她下一個舉動將會怎樣？

我把兩個熱水瓶裡剩餘的水先倒出來漱口洗臉，我的毛巾也結了冰，硬得像一條鐵毛巾，放在熱水裡面，它又立刻柔軟起來。洗過臉我連忙把水倒掉，我不敢在臉盆裡或是茶杯裡留水，因爲那不要多久就會結冰，一夜之後那就結結實實了，再想溶化它得費很大的勁。

火盆裡的炭火越燒越旺，房間裡暖如陽春，凱塞琳的臉孔被火光映得白裡透紅，柔嫩得彷彿吹彈可破。她的身體大概很暖和，她站起來把那件灰色的舊大衣脫掉，放在我的床上。她上身穿着那件粉紅色毛衣，下身穿着一條黑色西裝長褲，使她顯得更加窈窕，更加豐滿，中國女孩子是很少有這種得天獨厚的體型的，靜宜更是「人比黃花瘦」，她和凱塞琳截然不同。

我也全身暖和，不像先前醒來時如在冰窖中的那種感覺，我取下圍巾，本想拋到床上，凱塞琳卻伸手接了過去，放在她的大衣上。

冲壺的水開了，白氣從壺嘴裡直往上衝，我剛站起預備拿熱水瓶，她的行動却比我快，把兩個熱水瓶都拿到火盆邊來提起水壺冲了進去，冲了滿滿的兩瓶，這够我一天需用了。

泡飯煮得很香，昨天中午到現在我還沒有吃東西，眞的飢腸轆轆了。我從廚房拿了飯瓢和兩副盌筷來，遞了一副盌筷給她，我要她吃一點，她笑着接了過去。

我們坐在火盆邊，吃着滾燙的泡飯，沒有別的菜，省掉了不少麻煩。

「妳早晨吃什麼？」我問她。

「烤麵包，」她說：「我爸爸爲了減少麻煩，買了很多枕頭麵包，餓的時候在火盆上一烤，再塗點果醬就成了。」

「你們的生活倒很簡單。」我說。

「我們是白俄，不能講究吃，」她向我一笑：「我和爸爸幾乎長年吃枕頭麵包。」

我同情地看了她一眼，假如她早生二十年，那一定是一位養尊處優的貴族小姐，現在她空有高貴的白人外表，連國籍也失掉了！至於她父親，那更只有啃着枕頭麵包，回想往日的滿桌珍饈了。

凱塞琳對於泡飯很感興趣，她不矯揉作態，大大方方地吃了兩盌。

飯她又主動地收起鍋盌，而且替我洗乾淨了。

她的手因爲泡了冷水，凍得通紅，她兩手搓搓，又放在炭火上面烤烤，她一點不感覺到苦楚，反而更加愉快地和我談話。

快十二點時我又催她回去，我想萊蒙托夫一個人在那極大的屋子裡會更加寂寞。

凱塞琳戀戀不捨地站了起來，走到我的桌子面前去翻書，我知道在這空山寂寂，靜得像死樣的白色世界裡，除了我是自甘寂寞之外，任何人也忍受不了的，何況她是這樣年輕，如果沒有一兩本書消遣，那日子是非常難打發的，因此我讓她去翻，只要她看得懂，多拿幾本過去也沒有關係，反正我一時看不完這麼多書，也沒有心思去看。

突然，她驚跳起來，拿着一張照片跑到我身邊來，我也驀然一驚，那是靜宜的照片，我夾在那本我最喜歡的「浮生六記」裡面。

「這就是靜宜?」她指着照片問我。

其實她用不着問，那後面有靜宜的簽字和她抄的一首李清照的「醉花陰」。

「妳自己看吧。」我說。

於是她把照片翻了過來，看到靜宜的簽字，不禁一嘆：

「唉！眞的是她！」

隨後她又一個字一個字地把那首詞念出來。

薄霧濃雲愁永晝，瑞腦銷金獸。佳節又重陽，玉枕紗厨，半夜涼初透。東籬把酒黃昏後，有暗香盈袖。莫道不銷魂，簾卷西風，人比黃花瘦。

她不懂這首詞，問我是什麼意思?我也不想費那麼大的勁告訴她。我記得重九那天，大拔婉蓉夫婦，靜宜和我四人，去五老峯遊玩，秋高氣爽，雖然五老峯頂不勝寒，但我們的心情却很輕鬆愉快。那天黃昏，大拔忽然雅興大發，弄了一瓶高粱和一些滷菜，要我們坐在他院子裡賞菊，他逼着每一個人喝酒，靜宜也不例外，她雖然只喝了很少的一點，但是酡顏立現，她的情緒興奮而又不安，便提早進房休息，因爲白天走了不少山路，她的身體又比較瘦弱，所以大拔夫婦沒有勉強留她作陪，我把她送到房門口，她向我親暱地一笑：

「你去喝酒賞菊，讓我單獨休息一下。」

我又回到院子裡，和大拔把那瓶酒喝光。

當我帶着微醺回到房裡時，却發現那本我最愛看的「浮生六記」平放在桌上，裡面夾了她這張照片，我看了後面那首詞，自然瞭解她的心情，本來還想到她房裏去談談，一則是時間已晚，二則是怕相對無言，我和她單獨在一塊時很少講話，無論是在竹林幽徑携手漫步，或是在松下石上相偎而坐，都是靜靜地傾聽大自然的音籟和彼此的心跳，她的兩道溫柔而深情的眼睛，便代替了千言萬語，我還能講什麼毫無意義的言語呢？

第二天早晨我起得較晚，一醒來就發現她在我枕邊留了一張小紙條：

昨夜通宵未睡，愁腸百結；山上不能久留，今天必須下去。知我諒我，望勿深究，以免點點淚化作滂沱雨也。

看了這張字條，我的眼淚不禁奪眶而出。

「怎麼？你哭了？」凱塞琳突然驚奇地搖搖我的肩膀。

我如夢初醒地望着她，指指靜宜的照片說：

「妳還有什麼問題嗎？」

「嗨！」她懊喪地搖搖頭：「我的中文太差，你講我也不懂。」

的確，我就是講出來，她也不一定能够瞭解，因爲這不僅僅是文字問題，而且關係兩個民族的氣質，尤其是她和靜宜，更是兩種女性。

她看我不作聲，又指指靜宜的照片說：

「她眞文雅！完全不像我們外國女人。」

「妳回去吧，妳父親在等妳。」我又催她。

她把照片放回原處，拿了一本中譯本的「茶花女」，披上大衣，望了我一眼再走出去。

我把她送到門口。

四

外面的雪仍然很大，積雪也越來越深，她在雪中一蹦一跳地跑了回去。

聖誕節到了，這眞是一個銀色的聖誕。

我不是敎徒，我根本沒有注意這個日子，我心裡只想念着靜宜，別的事概不關心。

這天上午，凱塞琳親自送給我一張精美的聖誕卡，上面簽了她父女兩人的名字，她說這是她父親特地跑到牯嶺街上買來的，並且要我晚上過去和他們同過聖誕節。

下午五點，凱塞琳過來請我，我關在這個房子裡好多天沒有出去，除了她偶爾過來之外，我同這個世界完全隔絕了，如果我死在裡面，那是沒有一個人知道的。

聖誕節是洋人的大事，好像我們的陰曆年，他們父女兩人的盛意，我們自然不能拒絕。但是我連一張聖誕卡也沒有買，空手過去實在不好意思，當我把這個心意說明之後，凱塞琳却向我一笑：

「只要你過去爸爸就高興得不得了，你就是最好的聖誕禮物！」

於是我把門一鎖，和她一道出來。

雪像永遠下不完似的，大團大團地掉下來。我有好多天沒有走路，腿子都有點僵硬，路又滑，幾次都差點跌倒，幸好她挽着我，沒有倒下去。

萊蒙托夫看凱塞琳和我一道過來，他非常熱烈地歡迎我，他站在大門口伸出双手把我和凱塞琳緊緊地摟抱在一起，又摟着我們走進去。

客廳裡放了一棵一人高的柏樹，樹上掛了一些紅綠紙條和棉花，雖然比不上裝紅綠燈泡的那麽富麗堂皇，但已經充分地表現出聖誕氣息了。

桌上擺了兩瓶白乾，和一些糖果，紅白蘿蔔。萊蒙托夫摸摸白乾瓶子笑着對我說：

「牯嶺買不到伏特加，只好喝你們的白乾了。你會不會喝酒？」

「不多。」我說。

「我們俄國人都歡喜喝酒，以前我的士兵遇到好日子會醉得像豬。」他哈哈大笑起來，往日的豪情依稀猶在。

「我很抱歉，沒有帶來一點聖誕禮物。」我對他說。

「你來了比什麼禮物都好，」他向我一笑：「我和凱塞琳非常寂寞，連中國朋友也交不上，你算是第一個。」

「以後我會常常過來。」我安慰他說。

他緊緊地握住我的手，顫着聲音說：

「我眞希望天天和你在一塊。」

隨後又輕輕地對凱塞琳說：

「看看我們的羅宋湯好了沒有？」

凱塞琳很快地跑到厨房去，隨即端了一大鍋羅宋湯出來，萊蒙托夫見了一笑，一手拿起酒瓶，一手在我肩上一拍：

「好！我們喝酒。」

他迅速地把瓶蓋拔開，倒了三玻璃杯酒，兩杯深的，一杯淺的。

凱塞琳又端了一樣牛肉燒胡蘿蔔出來，萊蒙托夫向我抱歉地一笑：

「對不起，就只有這兩樣菜，比不得你們中國人過年，但對我們已經算是好菜了！」

我儘量說菜很豐盛，我們人少，多了也是糟塌，他聽了臉上好像多了一層光彩。

「凱塞琳，」萊蒙托夫端起杯子向女兒說：「不，在黃先生面前我應該叫妳李蓮，妳先敬黃先生一杯酒。」

凱塞琳擧起杯子向我的杯子一碰，喝了一大口，我驚奇地望着她說：

「妳能喝酒？」

「爲了敬你。」她向我一笑。

「不能喝酒就算不得是萊蒙托夫的女兒。」萊蒙托夫向我得意地一笑。

爲了禮貌，我也回敬了凱塞琳一大口。

隨後萊蒙托夫又向我敬酒，我也照樣回敬。

「黃先生，現在我告訴你，」萊蒙托夫吃了一塊牛肉後對我說：「今天是聖誕節，也是李蓮的二十歲，她現在是大人了。」

「哦！這麼巧？」我驚奇地望着他們父女兩人，心裡更覺抱歉，這麼重大的日子我竟沒有一點禮物送來！我只好舉起杯子向凱塞琳說：「請妳原諒我，我事先一點也不知道，不然我應該上牯嶺去買點禮物送妳，現在我只好借花獻佛，敬你一點酒。」

說完我喝了半杯酒，她也喝了一大口，然後替我挾了一大塊牛肉。

萊蒙托夫讚揚我的酒量，其實我並不能喝多少，不過是表示一份歉意和祝賀。

萊蒙托夫既能喝酒，又能吃菜，連羅宋湯都喝了三大盌，他起碼大我三十歲，但他的精神還很好。

他們父女兩人除了酒菜之外，還吃了幾片烤麵包，凱塞琳替我添的那兩盌羅宋湯已經使我覺得太飽了。

休息一會之後，萊蒙托夫要和凱琳跳舞，我說我不會跳，他說凱塞琳很會溜冰，舞也跳得不壞，要凱塞琳帶着我跳。

「要是二十年前，我會在莫斯科為她開一個很大的舞會，布爾希維克把我整得好慘！」萊蒙托夫感慨地說。

「爸爸，過去的事不要再提了。」凱塞琳向他一笑。

「嘿！女兒，要不是那班該死的布爾希維克，我們怎麼會在這裡替史密斯看房子？我們自己的房子還要請人看哩！」

我看萊蒙托夫的眼睛有點潤濕，連忙走近凱塞琳，和她跳舞。萊蒙托夫馬上拍起手來，爲我們打拍子。因爲沒有留聲機，沒有鋼琴。

凱塞琳仍然穿着那件紅毛衣，她似乎只此一件，不過却穿了一條比較新而漂亮的裙子。她的舞的確跳得很好，步伐輕盈，姿勢優美，一轉身子就會像孔雀開屏般地散開，我的長袍下擺也跟着散開，脚上又是穿的棉鞋，我想萊蒙托夫看着一定覺得滑稽好笑。

可是萊蒙托夫歪着頭望着我們，兩手不停地打拍子，他有近乎沉醉般的快樂。

我們跳完舞他馬上劈劈啪啪地鼓掌，一副老天眞的樣子。隨後又向我一笑：

「黃先生，我覺得李蓮愛中國有點道理，你穿起長袍子跳舞眞有點飄飄欲仙的樣子。」

「你別見笑，」我也向他一笑：「你喜不喜愛中國？」

「說老實話，」他拍拍我的肩膀：「我生在彼得堡，我還是喜愛俄國。」

「爸爸，你喜愛她，她不喜愛你又有什麼用呢？」凱塞琳揷嘴。

「孩子，人就是這麼一個奇怪的動物，喜愛就是喜愛，」他向凱塞琳一笑：「妳喜愛中國我並不反對，但是中國喜不喜愛妳呢？恐怕妳也沒有考慮？」

凱塞琳迅速地望了我一眼，我有點失措，又拉着她跳舞。

萊蒙托夫把瓶子裡剩餘的酒倒了出來，我一跳完，他又分了一半給我。他興奮的高潮似乎已過，現在是借酒澆愁，我也陪着他一口一口地喝着悶酒。

萊蒙托夫坐在單人沙發上，我和凱塞琳坐在他對面的双人沙發上。他喝完了最後一口酒眼睛就迷糊起來，杯子也掉在沙發上。

凱塞琳連忙拿了一條厚俄國毛毯蓋在他的身上，他夢囈般地斷斷續續地說：

「凱塞琳，妳愛中國妳就嫁給中國人吧！只要不要像，……像別的白俄……女孩子一樣墮落就好了……看樣子我們……我們是回不了彼得堡的……。」

凱塞琳嘆口氣，望着我說：

「爸爸的心情越來越壞，你來了他也只高興了一陣子。」

不知道是萊蒙托夫傳染了我還是怎樣？我心裡也很難過，我一口喝完了杯子裡的冷酒，站了起來，可是有點頭重脚輕，一個踉蹌幾乎倒了下去。

凱塞琳扶住我要我坐下來休息，我堅持要回去，她只好穿起大衣送我，我不要她送，我對她說：

「沒有關係，冷風一吹就會好的。」

「我怕冷風會把你吹進小溪。」她向我一笑，挽着我走出來。

雖然是夜晚，外面如同白晝，但是沒有一個人，像死樣的寂靜。

我的脚踏在雪上像踏在棉絮上，一高一低，飄飄盪盪。從她門口那條看不見石級的斜坡下來，剛走到一半，我的右脚突然落空，人隨即摔了下去，她也被我拖倒了，兩人滾瓜般地一直滾到路邊，而她剛好壓在我的身上。

突然，我覺得她的滾燙的嘴唇和面孔緊緊地貼着我的，我極力掙扎起來，我不能責備她，她却向我純眞而滿足地一笑，繼續挾着我走。我無法拒絕她，因爲沒有她的扶持，說不定我眞會摔進小溪，那麼不到一小時我就會變成一根大冰棒了。

她扶着我艱難地爬上我住的房屋，她從我口袋裡摸出鑰匙，把大門開開，她一直把我送進臥室。

我頭腦暈暈沉沉，脚下是虛飄飄的，一走到床邊，我就躺了下去，她把未曾折叠的被子拖了過來，蓋在我的身上，隨後又替我在火盆裡加添了幾塊新炭，我忽然想起萊蒙托夫還醉臥在沙發上，我怕他受了凉，上了年紀的人一病就很麻煩，尤其是萊蒙托夫，本來就有很重的心病，在這種大雪封山的日子如果病倒，那眞是叫天天不應，凱塞琳再剛強也是應付不了的，因此我勉強翻過身來對她說：

「凱塞琳，快點回去，你父親還睡在沙發上。」

「不要再叫我凱塞琳，叫我李蓮好了，」她回過頭來向我一笑：「爸爸常常是那麼睡的，沒有關係。」

「無論如何快點回去。」她雖然那麼說，我還是躭心來蒙托夫：「我睡一會就會好的，用不着妳照顧，我先謝謝妳。」

我的舌頭有點僵硬，說得很慢，她望着我抿嘴一笑：

「也許你要睡到明天才會好？」

我似乎記得以前沒有喝過這麼多的酒，也從來沒有這種暈暈沉沉的感覺，而且手脚又是軟軟的，沒有一點力氣。但是我心裡明白，我不能讓凱塞琳留在這裡，我必須使她回去，必須使她瞭解我的心情，然而我一時想不出適當的話來表示。愛一個人往往很難啓齒說出來，我對靜宜就沒有說過一個「愛」字；要拒絕一個人的愛也不便直說，尤其是凱塞琳一片純眞，和她那凄涼的身世，簡直使我不忍心拒絕。但最後我還是問她：

「凱塞琳，人一生要死幾次？」

她嘆哧一笑，靠近我說：

「你眞的喝醉了！人還能死幾次？要是別人聽了都會笑你。」

「不，妳不要笑，」我艱難地搖搖頭：「請妳告訴我，人一生到老要死幾次？」

「一次就拉倒啦！還能死幾次？」她向我一笑。

我看她那純眞的樣子，話到口邊又忍住，最後還是說了出來：

「凱塞琳，我也告訴妳，眞正的愛和死一樣，也只有一次。」

她突然睜大兩隻眼睛，本來紅潤的臉立刻慘白如紙，突然眼圈一紅，滾出兩顆豆大的淚珠。

她慢慢地站起來，慢慢地走開，背着我自言自語，如怨如訴地說：

「我是斯拉夫人，我知道我沒有靜宜文雅，但我愛你，我根本沒有考慮你愛不愛我，這也許是我的錯。」

她終於双手蒙住臉啜泣起來。

我一身癱軟，爬不起來，心裡却有無比的歉疚。

突然，她走近我的書桌，抽出那本「浮生六記」，向我走來，放在我的胸口，然後重重地吻了我一下，又迅速地跑開。

靜宜的照片從書頁中滑了出來，滑在被上，但是她本人離我已經很遠很遠，望着她的照片，我不禁百感交集，悲從中來。

凱塞琳是教徒，她回去之後也許會含着眼淚向上帝祈禱，但我不是教徒，我向誰祈禱呢？

空山寂寂，我的心也寂寂。

五

第二天上午十點多鐘我才醒來，頭痛欲裂，四肢無力，口舌如焚，我掙扎起來從熱水瓶裡倒出一大杯開水，一口氣喝了下去，心裡才好過一點。

感謝凱塞琳替我加了幾塊新炭，火盆裡的炭火還未熄滅，我又加上幾塊，淘了一點米在炭火上煮了一點稀飯。

吃過兩盌稀飯人就舒服很多，我拿起拐杖準備到黃龍寺去。

我從窗口裡望見萊蒙托夫低着頭，背着双手，在客廳裡踱來踱去，他的背似乎顯得更駝，幸好他沒有受凉，沒有病倒。

我沒有望見凱塞琳，我並不躭心她會生病，我猜想她可能睡在床上哭泣。

等萊蒙托夫走進房去，我才悄悄地走了出來。凱塞琳昨夜走的時候只把門帶上，幸好山上沒有小偷，不然把我的被子揭走我也不會知道。

外面仍然在下雪，所有的大竹子都壓得低頭彎腰，像弓一樣。

當我冒着天上的大雪，踏着地上的深雪走到黃龍寺時，守元老和尙又驚又喜，因爲我有好多日子沒有去看他。

當我說明我決定下山特來辭行時，他非常驚異地問我：

「你怎麽會突然想起下山？是不是凡心未死，耐不住寂寞？」

他的猜想恰好和事實相反，但他是出家人，我不想把眞象告訴他，免得他說我情孽太重，我另外編了一個下山的理由。

「現在正是大雪封山，叫不到轎子。」他關心地說。

「我用不着轎子。」我說。

「別開玩笑！」他盯了我一眼：「這樣冰天雪地，你下得了好漢坡？」

「我決心碰碰運氣。」我說。

「小心摔進那萬丈深谷。」他警告我。

如果眞的摔進那萬丈深谷也就一了百了，因此我並不駭怕，我無所謂地對他說：

「沒有關係，我只想向寺裡買一双草鞋。」

「嗨！那還用得着買？」他大方地一笑：「我要小和尙送你一双好了。」

隨即吩咐一聲，一個十五六歲的小和尙就送了一双大人穿的草鞋給我。

當我告辭時，守元老和尙仔細看了我一眼，嘆口氣說：

「你比以前瘦了！我看你的磨難很多，不要作繭自縛。」

「春蠶到死絲方盡，蠟炬成灰淚始乾。」我向他唸了這兩句詩作爲答覆。

守元老和尙立刻双掌當胸一合，唸了一句：「阿彌陀佛！」又說一聲：「黃居士自己保重！」

我向他一揖，提着草鞋走出黃龍寺。

回來以後，我把房裡的東西收拾了一下，桌子上的書放得整整齊齊，我只準備帶走那本「浮生六記」和靜宜的照片。

傍晚時我望見凱塞琳懶散地坐在客廳的沙發上，一頭金黃的頭髮紛紛地披在臉上，她不時失神地望望我住的房子，我站在窗帘後面，從一道縫隙中可以望見她，她却無法望見我。她的窗子沒有窗帘，客廳顯得特別空曠寒冷，彷彿西伯里亞的雪地冰天。

晚上十點多鐘等他們熄燈睡覺之後，我伏在桌上寫了一張字條：

萊蒙托先生、凱塞琳小姐：

恕我不辭而別。你們流浪了二十年，現在我也要開始流浪了。你們有你們的原因，我也有我的原因，我們的原因，儘管不同，彼此的心情則一，一想到我自己我就會想起你們，請老將軍原諒我，更請凱塞琳原諒我。

黃一飛

寫完之後，我又在紙條背面塗了一層漿糊，然後把「浮生六記」和靜宜的照片往懷裡一塞，熄了燈，悄悄地走了出來。

我先把紙條貼在大門上，再把大門鎖好，然後踽踽地走下山來。

午夜的雪光仍然耀眼，空山寂寂，比死還要寂靜。我孤獨地走在兩尺多深的雪上，彷彿走在無人的南極和北極，我感到曠古以來所未有的無邊的寂寞，我不禁流出兩行傷心淚，但我的淚立刻在臉上結成了兩條冰凌。

陽春白雪

一

從臺中開往梨山的金馬號，到達梨山車站時，已經暮色蒼茫了。

天氣很冷，新高山白雪皚皚，附近的山頭也堆滿了積雪，完全是一副天寒地凍的樣子。

一車的客人除了許楚歌是別有心事之外，大多是準備去合歡埡口看雪景的。

許歌楚本來是準備悄悄地上山，來到臺中後也沒有驚動任何朋友，甚至踏上金馬號他也是最後一個，沒想到上車以後，女詩人吳晚風却熱情地向他招呼，還介紹她的同伴康華和他認識，她們兩人的座位正好在他的前排。

「楚歌，想不到你也有這種雅興，上合歡山看雪？」吳晚風回過頭來，雙手扶在椅背上說。

「妳是上合歡山看雪的？」許楚歌笑着問她。

「嗯，」她點頭一笑：「來臺灣十幾年還沒有看過雪啦！康小姐也和我一樣。」

「妳的雅興倒很不淺。」許楚歌一笑。

「難道你不是上山看雪的？」吳晚風奇怪地問。

許楚歌搖搖頭，沒有作聲。

「那這麼冷的天，你上山幹什麼？」吳晚風睜大眼睛問。

「上山陪伴寂寞。」許楚歌回答。

「嗨！」吳晚風的手在椅背輕輕一拍，一笑：「寫詩已經够寂寞了，你還要上山尋找寂寞？」

「寂寞在我心中，用不着尋找。」許楚歌說。

「別再做詩吧！山上更沒有發表的地方了。」吳晚風風趣地說。

康華聽了噗嗤一笑，許楚歌却接着說：

「我的詩寫在心上，不想發表。」

他們這樣隨便談談，看看沿途的風景，不知不覺就到了梨山車站了。

吳晚風和康華是第一次來到梨山，情形不熟。許楚歌去年和莊莊來過一次，住了五天，招待所的人很熟，他們雖然遲了一步，但許楚歌及時向管理人員打了一個招呼，留了一個單人和雙人房間，而且是門對門的。

「楚歌，眞謝謝你，」吳晚風一走到房門口，便笑着對許楚歌說：「要不是你，他們眞搶不到房間呢！」

「許先生，你以前來過？」康華笑着問他。

許楚歌點點頭。

「也是一個人？」吳晚風接着問。

「不，」許楚歌搖搖頭：「和一位女朋友。」

「這次為什麼不和她一道來？」吳晚風又問。

「她已經結婚了，怎麼好同她一道來？」許楚歌坦率地說。「去年她就住在你們這個房間。」

「你呢？」吳晚風閃着眼睛問。

「我就住在這間。」許楚歌指指自己的房間說。

「楚歌，我看你只會寫詩，」吳晚風向他一笑：「連女朋友也粘不牢。」

許楚歌沒有接腔，悵惘地走進自己的房間去。

去年來時，莊莊充實了他的生命，他們的心靈是那樣的接近，彼此之間甚至沒有一粒沙塵，他們像高山流水，野鶴閒雲，互相傾聽自己的心聲，沒有一點雜念。他們徜徉於山巔水涯，徘徊於千年紅檜之下，像兩顆同型的流星，在太空中孤獨地流浪了幾千年，而偶然在一個交叉點上會合。因此，他的喜悅是空前的，而現在，他的寂寞悵惘也是前所未有的，甚至形成了一種無法排遣的憂鬱。

他頹廢地把身體往床上一躺，怔怔地望着天花板出神。直到下女爲他端來一盆滾熱的洗臉水，他才爬了起來。

「許先生，這次莊小姐怎麼沒有一道來？」下女笑着問他。

「她沒有空。」他向她慘然一笑。

「是不是你又有了新的女朋友？」下女自作聰明地指指對面的房間。

「阿銀，妳不要瞎猜。」他望着下女說：「一位是老朋友，人家的太太；一位是剛剛認識的。」

「那你一個人上山來有什麼意思？」下女兩眉一皺，說。

「阿銀，沒有意思的事太多，妳還不大瞭解。」他向下女溫和地一笑。

下女鼻子一聳，輕輕地白了他一眼，走了。

他剛洗好臉，吳晚風和康華兩人雙雙走了過來。她們兩人都重新修飾了一下，吳晚風年齡比較大，和許楚歌又是多年的詩友，所以比較隨便，康華年輕，打扮得艷光照人，本來她就生得漂亮，這一打扮就更花枝招展了。

「想不到梨山這麼冷？」吳晚風雙手攏在袖子裏面，寒兮兮地說。

「這才有點大陸冬天的味道。」許楚歌說：「妳怎麼不和妳先生一道來？」

「他怕冷，讓他在家裏帶孩子。」吳晚風幽默地一笑。

「分明是妳不讓他來，」康華輕輕地揑了吳晚風一下：「還說他怕冷！」

「他那麼俗氣，來了大家都沒有意思。」吳晚風一笑：「所以我情願和妳一道來。」

「我又不是詩人，還不是一樣俗氣？」康華笑着回答。

「女人再俗也沒有男人那麼俗，」吳晚風笑吟吟地說，又望了許楚歌一眼：「楚歌，我可不是說你，你是例外。」

「其實俗人才有艷福。」許楚歌感慨地一笑。

「雅人，你準備在這裏住多久？」吳晚風笑着問他。

康華聽了一笑。許楚歌却苦笑地對吳晚風說：

「晚風，妳不要再糟踏我了！可惜這裏沒有廟，不然我眞準備出家。」

二

晚飯是在下面餐廳裏吃的，烟酒、罐頭，以及日常吃用的東西都有，吳晚風和那些上山來看雪的似乎都很熟，而許楚歌則除了她們兩人之外，一個也不認識，吳晚風想替他介紹，他搖搖頭，不願結識。

「你眞怪，爲什麽不願意多認識幾位朋友？」吳晚風輕輕地說，帶點責怪的意味。

「我覺得自己都是多餘的，何必再去認識別人呢？」許楚歌說。

「楚歌，我聽說你生活得很幸福，想不到幾個月不見，却變這樣很憂鬱？」

「別人只看見我的笑臉，自然以爲我很幸福。如果我們不是老朋友，妳也不會看出我有什麽憂鬱。」

「我看你這次上山來眞像做賊，爲什麽連老朋友也不願意見呢？」吳晚風笑着說：「如果不被我碰上，一些老朋友眞會以爲你失踪了。」

「我先跟妳講好，妳可不能告訴別人我在山上，我需要淸靜、孤獨。」

「你真的打算在山上住下去？」

「不然我不會來。」

「天氣這麼冷，怎麼行？」寒氣很重，吳晚風不自覺地打了一個寒噤。

「妳們要不要喝點酒？」許楚歌看見很多人都在喝高粱，又見吳晚風打寒噤，望了望酒吧間。

「我們不會喝酒，你要喝你喝好了。」吳晚風說。

「我向來不單獨喝酒。」許楚歌說。

「康華，妳陪他喝點好不好？」吳晚風轉向康華說。

「除非妳也奉陪？」康華向吳晚風一笑。

吳晚風很豪爽幽默，她笑着點點頭：

「好，我們捨命陪君子好了。」

許楚歌笑着走向酒吧，拿了一小瓶高粱、三隻酒杯過來，先替她們兩人斟了半杯，自己再斟一滿杯。

別的桌上大聲談笑，甚至猜起拳來，他們三人却淺斟低酌，吳晚風和康華喝了一口酒，臉就紅了起來，帶點酡顏的康華顯得更加艷麗。

有幾對青年人吃完飯之後就高興地跳起舞來，沒有音樂，却有人用手脚打着拍子。吳晚風看了一笑，回頭對許楚歌說：

「康華的舞跳得很好，你們不妨跳跳，暖暖身體。」

「我久已不彈此調。」許楚歌說：「免了。」

「沒有音樂跳起來也不帶勁。」康華說。

「可惜我喝了兩口酒有點頭暈，不然我就跳。」吳晚風說。

「喝了一點酒暖和多了，我們還是上去聊聊天吧？這裏太吵。」許楚歌對她們兩人說。

經過走廊，他們發現正在下雪，便駐足觀賞，康華高興地伸手去接雪花，雪花落手便化。

「如果今天晚上一直下個不停，明天的雪景一定更好看。」康華說。

「那妳們就不必去合歡埡口了。」許楚歌說。

「聽說那邊比較開濶，好看？」吳晚風說。

「雪大了恐怕車子不能開？」許楚歌說。

山風特別冷，他們都不自覺地一連打了幾個寒噤。吳晚風和康華互相擁抱着爬上臺階。許楚歌在門口碰見下女阿銀，便對她說：

「請妳替我生盆炭火。」

然後又問她們兩人：

「是在妳們房裏聊天還是在我房裏？」

「在你房裏好了，」吳晚風說：「你的房間小，暖些。」

於是三人一道走進許楚歌的房間。吳晚風一眼看見許楚歌床上的毛毯，馬上靈機一動，跑回自己的房間，抱了一床毛毯過來。笑着說：

「腿上再舖床毛毯就更暖了。」

「妳這樣怕冷，何必上山來看雪？」許楚歌笑着問。

「雪像久別的戀人，怎麼能不看？」吳晚風幽默地一笑。

不久，下女就端了一盆熊熊的炭火來，往中間一放，討好地說：

「許先生，多少客人都搶這盆炭火，你是熟人，我才給你。」

許楚歌說了一聲謝謝，又掏出三十塊錢請她去餐廳買瓜子、花生，她很快就買了上來。

吳晚風看了一笑：

「這頭丫頭倒很逗人喜愛。」

「看樣子她對你很好。」康華對許楚歌說。

「也許是上次的小賬給得多？」許楚歌說着在火盆邊坐了下來。

窗外飄着雪花，透過玻璃窗還隱隱可以看出雪花的飛舞，室內是熊熊的炭火，坐在火盆邊剝着瓜子、花生，有一種不屬於臺灣的情調，吳晚風感慨地說：

「來臺灣十多年，這才像在家鄉過冬天。」

康華的年紀輕，她的記憶不如吳晚風和許楚歌那麽深刻明顯，她聽着吳晚風那麽感慨地說，只是帶點迷惘地一笑。

「楚歌，不管你爲什麽原因？你能想到這種高山來住，證明你還不失爲一個詩人。」吳晚風望着許楚歌讚賞地說。

「算了吧，我早就失去詩人的情懷了！」許楚歌感慨地說。

「你最近不寫詩嗎？」吳晚風問。

「很少寫了。」

「眞的，許先生，」康華插嘴：「我有很久沒有讀到你的詩了。」

「寫是寫了一點，只是寫給自己看。」許楚歌說。

「我們老朋友，你該給我看看。」吳晚風說。

「妳看看可以，但不足爲外人道。」許楚歌說。

「詩又不是什麽國防機密，你何必摟着鵝卵石當元寶？」吳晚風白了他一眼，把手一伸：「

拿來。」

於是他從皮包裏摸出一本三十二開的精緻的日記簿，遞給吳晚風，吳晚風先翻了一遍，只有十幾首短詩，笑着問他：

「你怎麼寫得這麼少？」

許楚歌沒有作聲，吳晚風再仔細一看，面部的表情立刻變化不定，她一直看到最後一首題名「愛染桂」的詩，而且輕輕地唸了出來：

心園與心園之間
有繁花滿樹的幽徑
那軒昂的百合，芬芳的紫羅蘭
嫻靜的幽蘭，淡雅的水仙
全部盛開於幽徑的兩邊
而心園裏更有一棵來自東洋的愛染桂
世俗的藤蘿也幽靈般地爬上了心園的周圍
妳能聽見我頻頻的呼喚和深深的太息

我却無法探悉妳在園裏歡笑還是潑泣？

唸完以後，她突然把日記簿一闔，輕輕地嘆了一口氣說：

「這幾年你就是過的這種內心生活？」

「妳也許會笑我作繭自縛吧？」

「詩人是比常人要多一點痛苦，我怎麼會笑你？」吳晚風友愛地一笑。隨即把他的日記簿遞給康華。

康華望了許楚歌一眼，笑着問：

「我可以看嗎？」

許楚歌遲疑一下，然後點點頭。

炭火熊熊，室內溫暖如春。她們先把身上的毛毯揭開，隨後又把大衣脫了下來。三人的臉孔都被炭火映得通紅，康華的臉顯得格外姣艷。她低着頭很仔細地看着許楚歌的詩篇，看完以後若有所思，然後輕輕地把日記簿闔上，默默地交還許楚歌。隨即站了起來，笑着對吳晚風說：

「大姐，我想睡了，妳是不是還想和許先生多談一下？」

「好吧，你先睡，」吳晚風點頭一笑：「我還有幾句話和許先生談談。」

於是她抱着毛毯先走了出去。

門一打開就有一股寒氣直衝進來，她立刻打了一個寒噤，鼓着勇氣走出去，隨手把門帶上。

「康小姐是妳什麽人？」許楚歌看她們兩人姊妹般地親熱，不禁發問。

「同事，」吳晚風說：「我把她當小妹妹看待，你看她怎樣？」

「她作妳的小妹妹很好。」許楚歌答非所問地說。

「你水仙兒不開花，裝什麽蒜？」吳晚風白他一眼：「我是問你對她的印象怎樣？」

「晚風，曾經滄海難多水，除却巫山不是空，不要問我這些問題。」他搖搖頭說。

「心病還要心藥醫，難道和高山族人住在一塊你的心情就會好起來？」

「當然不會，褲帶兒打了死結，大概這一輩子也解不開。」

「你在無意中碰見我和康華，這也許是一種機緣？」

「我不再作夢了，」許楚歌輕輕地嘆口氣說：「假如我不遇見莊莊，我也不會這樣傷心。」

「你這些詩都是寫給她的？」

他點點頭。

「那她一定是個很可愛的人？」

「幽香撲鼻，不像康小姐艷光照人。」

「你不怨她？」

「怨？」他向她一笑，搖搖頭：「我還沒有想到這個字。」

「你眞幸相肚裡好撑船？」

「我只是把愛給她，把痛苦留給自已。」許楚歌說：「當然，我們有一段難忘的日子。」

「你不應該這樣自苦，明天看完雪景之後，你還是和我們一道下去。」

說完之後她就站了起來。恰巧下女推門進來，他要下女添了幾塊炭，把火盆端到吳晚風的房間去。

吳晚風回到自已的房間，康華正睜大眼睛躺在床上。

「妳還沒有睡着？」吳晚風笑着向她。

「太冷。」她也笑着回答。看見下女把火盆拿了進來，又問一句：「妳怎麽把火盆也帶了過來？」

「是許先生要她端過來的。」吳晚風說。

「他不怕冷？」下女出去之後康華又問。

「他就是這麽一個人。」吳晚風一笑。

「我看他是笑在腰上，苦在心裡。」康華說。

「要不是看了他的詩稿，我還不知道他有這件傷心事。」

「山上太冷，也太寂寞，我看妳還是勸他下山去。」

「我已經勸過了，」吳晚風望着康華說：「妳看有什麼法子？」

康華沒有作聲，過了好半天才說：

「明天再看吧，也許他熬不過寒冷和寂寞的？」

三

一夜奇寒，許楚歌不到天亮就冷醒了。

他望望窗外，窗外一片白，由於雪雪光的反映，雖未天亮，室內的東西已經清晰可辨了。大家都沒有醒來，他也不便起得太早，躺在床上便禁不住想到許多事，而想來想去，又自然會想到莊莊。一想到莊莊他的心就會隱隱作痛，甚至每當午夜夢回，他也會感到心的刺痛。

一年前他也是住的這個房間，莊莊也是住在對面那個房間，他們在山上盤桓了五天，五天心靈的低語，使他一輩子也難以忘記。她每天早晨起來的第一件事就是過來看看他，睡覺之前，也一定向他輕輕地說聲：

「晚安，明天見。」

白天，他們多半是在公路上散散步，或是坐在千年紅檜下面聽聽鳥叫，談談天。山上很靜，挽着她在公路上散步也用不着躭心，因爲一天沒有幾部車子經過。而那高聳雲霄的千百年的紅檜，和高山深壑，又能啓發他的深思，美化他們的心靈。

五天的時間雖只短暫的一瞬，但他分享了眞正的人生。他之所以再度上山來住，就是爲了重溫那一段舊夢，雖然他所能感受到的是無比的凄清。

天亮前的寒氣更重，他能看見自已呼出的熱氣，從鼻孔裏緩緩衝出，他覺得像睡在地窖裏一般寒冷。

他睜着眼睛直到天亮，他想得很多，可是越想越凄涼。要是莊莊還住在對面的房間，她一定過來了。她每天都起得很早，她總是輕輕地把房門扭開，輕輕地走到自已的床邊，輕輕地替他把被子蓋好，假如他沒有醒來，她會默默地坐在床上，默默地凝視着他。只要他一睜開眼睛，她便會俯下頭來淺笑輕盈地問：

「睡得好嗎？沒有做噩夢吧？」

他會伸手擁住她，任她的秀髮披在自已的臉上，她在他耳邊低語，他彷彿鑽進春天的叢林，享受着鳥語花香。

然而現在窗外是白雪，被子裏冰冷，滿室凄清，他禁不住滾出兩顆熱淚。

隔壁房間傳來一聲咳嗽，他知道別人醒了，於是悄悄地起床，穿好衣服，輕輕地走到盥洗間漱口洗臉，然後回到自己的房間，輕輕地把門帶上。

吳晚風和康華似乎沒有醒來，因爲她們房間裏沒有動靜。

他單獨地走出來，外面是一片銀色的世界，他的脚踩在地上，有一個個明顯的脚印，他呼氣如雲，鼻尖冷得發痛。

外面沒有一個人，甚至看不見一隻狗。

他和莊莊曾經起過這樣早，沿着公路散步，看青葱的樹葉滴下淸露，聽一對對的鳥兒展翅淸歌。而現在他只是一個人，孤孤單單地一個人，踽踽地行走在嚴寒的雪地上。

他走向松柏村，那裏有一個熟人，那是一個在平地無法與人競爭，帶着老婆孩子向高山謀生的人，他希望通過他的介紹，能够在這個小村裏租到一間房子。

當他爬上松柏村時，沒有一家開門。十來戶人家，掩蓋在白雪之下，顯得格外冷淸。

他又走了下來，沿着平坦雪白的公路散步。沒有車輛，沒有行人，沒有鳥叫，青葱的樹葉上也覆蓋着白雪，靜，冷淸。想到和莊莊在這條路上散步的情形，他就有一種淒涼落寞的感覺。

當他懷着悵惘落寞的心情回到招待所時，吳晚風迎着說：

「嗨！這麽大淸早你跑到那兒去了？我們找你好久都沒有找到，你不怕冷？」

「我準備住下去，怕冷怎麽行？」他說。

吳晚風望望康華搖搖頭，隨後又問他：

「飯後大家都去合歡埡口看雪，你去不去？」

「車子能開？」

「司機說可以。」

「這裏不是有雪嗎？何必去合歡埡口？」

「聽說那邊的雪深，好看。」康華揷嘴。

「我以後看雪的機會多，妳們去吧。」他對她們兩人說。「妳們轉不轉來？」

「我們不去花蓮，看過之後就回臺中。」康華說。

「楚歌，你不要太不懂禮貌，應該陪我們去看。」吳晚風說。

「好吧，」許楚歌點頭一笑：「昨天晚上妳們陪我喝酒，今天我只好陪妳們看雪了。」

「這就叫做人情一把鋸，你來我去。」吳晚風滿意地一笑。

飯後他們一道上車，去合歡埡口。

車子越向東行，沿線風景越好，山高壑深，樹木高聳入雲，雖然蓋上了皚皚白雪，仍然難掩其險巇雄峻。

車子開得特到小心謹愼，行駛在橫貫公路上的司機和車掌小姐，都是經過嚴格挑選的，無論是駕駛技術或服務態度都是令人滿意的。

在千山萬壑中轉了好半天，車子一出合歡口的山洞，眼界突然開闊起來。合歡埡口有一個相當大的廣場，積了好幾寸深的雪，看雪的人紛紛下車，去花蓮的人隨車走，梨山車站早就與花蓮方面連絡好了，要那邊開來的車子帶看雪的客人回梨山。

這邊的雪景的確比梨山壯麗，一眼望去是一片雪海，從雲縫裏鑽出的一線陽光，照在皚皚的白雪上，幾乎使人睜不開眼睛。

很多人都拿出照相機來攝人像雪景。吳晚風也帶了一架小照相機，她拍了不少雪景，而且故意安排康華和許楚歌在一塊拍了好幾張合照。

在等車的過程當中，大部份的時間是他們三人在一塊踏雪散步，但有時吳晚風却故意參加別的集團擲雪球，而讓康華和許楚歌兩人在一塊。

他們回到梨山時又暮色蒼茫。

晚上又在許楚歌的房間裏烤火。吳晚風趁許楚歌出去有事當兒，悄悄對康華說：

「妳在梨山多住幾天好不好？」

「爲什麽？」康華問。

「難道妳不瞭解我的意思?」吳晚風向她一笑。「這倒是個難得的機會，楚歌的性情妳大概已經瞭解一點，妳平日也是眼高於頂，假如你們能成爲知己那不是很好嗎?」

「大姐，我看他心裡有個結。」康華爲難地說。

「人家莊小姐結了婚，我實在不忍心看他毀在深山裡。」吳晚風說。「他得了很深的心病，我看只有妳能醫。」

「恐怕我是一個不合格的醫生?」

「妳不妨試試，爲他，也爲妳。」

康華沒有作聲，吳晚風又審愼地問：

「妳有沒有爲自己生活的勇氣?」

「大姐，我看許先生是個感情深沉的人，關鍵在他而不在我。」沉默了一會之後康華才說。

「那妳試試吧。」吳晚風把右手壓在康華的手上友愛地說。

許楚歌捧了一紙袋橘子進來，她們的談話剛好戛然而止。

許楚歌把橘子分給他們兩人，吳晚風一面剝橘子一面對他說：

「楚歌，我明天先回去，康華要在梨山多住兩天，你代我照顧照顧。」

「如果康小姐不怕冷，我自然義不容辭。」許楚歌說。

這天晚上他們坐得很晏，也談得很多。吳晚風再三勸許楚歌到她臺中家裏住住，散散心，可是許楚歌始終沒有答應。

臨睡時許楚歌把火盆端到她們房裏去，康華笑着問他：

「許先生，你眞的不怕冷？」

他笑着搖頭。她們也信以爲眞。

第二天天未亮他又冷醒了。睜着眼睛直到天亮。

四

吳晚風這批看雪的客人走後，招待所顯得格外冷靜，康華突然寂寞起來。許楚歌只好陪她到公路上散散步，甚至陪着她爬上福壽山農場，參觀唐莊，宋莊。但她還是覺得太寂寞。

「山上太寂寞了，我們一道下山吧？」她忍不住說。

「我在那裏都是一樣，越是人多的地方我越寂寞。」許楚歌說。

「爲什麼？」

「因爲我心裏空空盪盪。」

「住在山上也不是辦法。」

「住在山上可以重數往事，追回記憶。」

「人總不能靠過去生活。」

「我也許是一個例外。」

「你年紀不大，應該向前面看。」

「我比妳大多了，過去拖着我，我卸不掉那份重擔。」

「你沒有吳大姐想得開，她不會虐待自己。」她望望他說：「否則她也會苦惱的，那還有心情上山來賞雪？」

「妳是專門陪她來的？」

她笑着點頭。

「那妳怎麽不和她一道下山呢？」

「我想體驗一下你一個人在山上怎樣生活？」她向他一笑。

他彷彿受了一點感動，過後又平靜地說：

「不過我的心情你是體驗不出來的。」

「那只怪我太笨。」

「不，各人心裡有本難唸的經，所以各人的心情不一樣。」

她覺得他眞的不太容易瞭解，便不作聲。

從福壽山下來之後，他又順便帶她去參觀松柏村。他碰到了那個熟人，那人介紹他租了一間小房間，便宜，但無水電，村裏的那幾戶人家都是點油燈，吃水井，但他並不介意。

她看他把房子都租好了，不禁黯然地說：

「你眞的決心在山裏住？」

他點點頭。她又接着說：

「吳大姐臨走前對我講過一句話。」

「什麽話？」他關心地問。

「他希望你能陪我回臺中去。」

他臉色突然沉重起來，深深地看了她一眼，然後十分抱歉地說：

「謝誰晚風和妳的好意，我心領了。」

第二天，她悵然地搭上第一班去臺中的金馬號，他送她上車，她從窗口伸出頭來對他說：

「許先生，謝謝你的照顧，如果山上太冷，我和吳大姐隨時歡迎你到臺中去。」

「謝謝你，康小姐，我會忍受下去。」他向她揮揮手。

送走了康華，他連忙回到招待所，請阿銀幫忙他收拾東西，阿銀笑着對他說：

「許先生，你的女朋友眞多！」

「阿銀，連妳也是。」他故作輕鬆地一笑。

「你好壞！」阿銀把嘴角一拉，指着他笑罵。

他沒有理她，一心整理東西，阿銀又對他說：

「我看這位康小姐比那位莊小姐還要漂亮，你怎麽不和她一道走？」

「我留在這裏作高山族。」他回頭對她說。

「高山族有什麽好？」阿銀又把嘴角向下一拉。

「高山族沒有苦惱。」他說。

「你眞怪！」阿銀翹起食指向他一指：「高山族想往平地跑，你倒往高山跑？眞怪！」

「阿銀，不要奇怪，找個高山族來替我搬東西吧？」

阿銀望了他一眼，隨即走了出去，沒有多久，就帶了一個矮小的山地人來。

他結好賬，又給了她一筆小費，然後跟在那個矮小的山地人後面走出招待所。

外面一片白雪，千山萬樹一片純潔，只是有點悽涼意味。

亂世佳人

端午節在雷雨聲中和隱隱約約的砲聲中渡過。

學校已經正式解散，我們應得的米也以比平時低賤兩倍的價錢在米店兌了現款，平時校長扣着米不肯按月發給我們，直到聽到了砲聲，才在我們幾位外地教員的嚴詞質問下發了幾張米條子，那家米店和校長一個鼻孔出氣，狠狠地敲了我們一記，我們明知吃虧上當，但我們不能揹着十幾擔米逃難，只好忍氣吞聲任他宰割了。

本來我是想拿到錢就走的，可是天像裂了口似的，傾盆的大雨下個不停，簡直不能開步，躲在屋簷下的鷄都打得一身透濕，逃難又不像寢室到厠所那麼方便，那麼一點距離，所以只好悶在寢室裏，聽砲聲和雷聲的交響了。

初七我又起了一個大早，一看已經雲散雨止，東方一片紅霞，顯然是個大晴天的預兆，我便決定走了。

當我把這個意思告訴那幾位外地教員時，他們一方面是拖家帶眷，行動不便，想多等一天，路晒乾了再走；一方面以爲日本人還在一百二十里路以外，就是走路一天也走不到，因此也勸我多等一天。

「你何必這麼性急？臨川還沒有失守，公路早破壞了，日本人又沒有長翅膀，保險三兩天之內沒有關係，明天路晒乾了再走不遲。」

「何況前方還有軍隊堵住，日本人就是散步過來也得兩三天。」

我雖再三向他們解釋軍事行動不能以常理推測，但他們是十足的老百姓，不像我當過軍人，經過戰陣，解釋也是徒然，而他們事實上的困難也比我多，所以我也不好勉強他們同我一道走。

吃過早飯，我就揹起簡單的揹包，裏面包着換洗的衣服和應用的東西以及兩本喜愛的書，被褥、舊箱子，乃至洗臉盆都送給別人，因爲那些東西的運費會超過他們本身的價值，我所帶的錢又不多，能否用到贛州還沒有把握。

當我離開學校，走過石橋，來到正街時，已經有不少人揹着包袱，抱着孩子，推着獨輪車，向南門行走，一出南門，公路上像螞蟻搬家樣地擠着逃難的人群，拉了好幾里長。

公路經過幾天大雨的冲洗，露出大大小小的鵝卵石子，顯得高低不平。撫河平時水深不過三兩尺，而且水清見底，現在水與岸平，河面也增寬了十來公尺，河水像羹沸的泥湯，沸沸揚揚，夾着樹枝、死猫、死狗，爭先恐後地向下游奔騰而去。

太陽幾天沒有出來，一出來却很厲害，臉上晒得發痛，脚下的濕氣又往上蒸，無風、無雲，實在難受。

雞公車的獨輪子在高低不平的公路上咿咿呀呀地尖叫，有的是一個人單獨地推着，有的是一個人拉，一個人推，但這些推推拉拉的人都是半路出家，沒有一個老手，而有些雞公車又是臨時趕做的急就章，車子低矮，又不結實，推着，推着，推着，輪子就脫落下來了。

逃難的隊伍越拖越長，前面的人快到株良，後面還有人從南城出來。因爲從金華那一幫逃出來的難民，有不少被大雨阻在南城，今天一晴，南城便像一個搗翻了的螞蟻窩，幾乎傾巢而出。這是一個沒有人指揮的雜亂無章的大隊伍，走走停停，沿途休息，孩子們哭哭啼啼，看看他們，想想自己，我也稍堪自慰了。

下雨天能隱約聽見的砲聲，今天反而沉寂下來，如果不是這麼多人逃難，反而體會不出戰爭如此迫切。

直到下午兩點多鐘，突然有一架飛機從南面飛了過來，飛得很低，翅膀上的兩團紅膏藥看得清清楚楚，大家像小雞見了老鷹，駭得東逃西散，把雞公車上的行李、物件，都棄在路邊，人躲進稻田，躲進樹叢，不敢露面。

飛機上頭頂在低飛盤旋，坐在機艙裏的飛行員都能看見，幸而沒有掃射，不然眞要死不少人。

飛機走遠之後，大家又慢慢回到自己的雞公車旁邊，互相搖搖頭，嘆口氣：

「嗨！又檢回一條命！」

但是誰也沒料到，走到李坊營時會突然碰上敵人的騎兵！

下午四五點鐘，有一小部份先走的難民正在李坊營休息，大隊的難民都在向李坊營行進，我距離李坊營還有兩三百公尺，突然前面的人哭叫起來，鷄飛狗跳，夾着啪啪的槍聲，我抬起頭一看，一隊高頭大馬的日本騎兵正吆喝着向我們衝來，大家眞的駭慌了，紛紛跳進河裏，隨波逐流而去，一部份人向山裏逃命，我也不顧衝鋒槍的掃射，拚命向山上跑，大家跌跌滾滾，尤其是女人孩子，駭軟了腳，跌在山上像滾瓜。當我從一個女人身上躍過時，她突然抱住我的腿，使我重重地摔了一跤，我爬起來她又拉住我的手不放。

「求求你，帶我上山！」她哭着說。

我連看也沒有看她一眼，本能地拖着她往山上跑，跑得上氣不接下氣，直到槍聲稀疏，才臥倒在一塊石頭後面喘口氣。

大部份難民都攔在馬路上不准移動。河面上載沉載浮，一片人頭，日本騎兵還朝河裏開槍，除了少數幸運者游到對岸之外，絕多大數的人都中途沉了下去，即使不沉，也變成日本騎兵的活靶子。

跑到山上來的人也不太多，很多人在半途負傷，，不能繼續爬上來，爬到我這樣高的位置的只有十幾個人，比我爬得更高的只有四、五個。

我眞奇怪，這枝日本騎兵好像從天外飛來？臨川沒有失守，南城也沒有丟，這枝騎兵却撊頭殺了過來，難道南豐巳經丟了？爲什麽事先沒有一點消息呢？

突然我聽見耳邊一陣嚶嚶的哭泣，我這才想起我身邊還躺着一個女人，我回頭看了她一眼，不過二十來歲，雖然駭得臉色慘白，但五官端正，眉淸目秀，一看就令人喜歡。

「不要哭了，能够逃到這裏巳經萬幸！」我對她說。

「我父親母親不知道是死是活啊！」她哭着回答。

「天知道！」我惘然地說。那時大家一陣亂跑，誰也顧不了誰。

她又哭了起來。

「別哭，這裏並不安全，我還要往上爬。」我說。

她連忙抓住我的手，生怕我逃掉似的。哀求地說：

「求求你，帶我一道走。」

我點點頭，低着頭彎着腰向上爬，後面有幾聲冷槍，日本騎兵對我們這些少數漏網之魚，似乎不能兼顧了。

別的人也在繼續往上爬。她緊緊地拉着我的衣服，跟在我的後面，寸步不離。

我們爬到日本騎兵的射程之外，看看他們並沒有派人來追，便找了一個隱蔽的地方停留下來。所有的漏網之魚都集中在一塊。

大家對於這一隊天外飛來的騎兵，都大惑不解，其中有一個商人却替我們解開了這個謎。

「東洋鬼子一定是從宜黃那邊抄過來的，李坊營這邊有條山路通到宜黃，我走過。」

我們聽他這樣說才恍然大悟，因此我們也解開了另一個謎：南豐沒有丟。

於是我們決定漏夜摸到南豐去。為了怕敵人發現我們，大家約定，天黑以後再開始行動。

在我們這二十多個人當中，只有一個女的，就是緊跟着我們的這一個。因為她和我非常接近，於是有人指着她問我：

「這是你太太？」

我正不知道怎麽回答才好？因為我連她姓什麽都不知道。想不到我略一遲疑，她竟搶着向大家點點頭。我眞猜不透她是什麽意思。

公路上的日本騎兵，正指揮那些被攔住的難民，推着鷄公車往回走，有些婦女却被他們拖進山邊的灌木林裡，那些女人大概駭呆了，連叫都不敢叫一聲。

「畜牲！畜牲！」我們當中有人切齒痛罵。

她的身體發抖，連忙用雙手蒙住眼睛。

後繼的部隊陸續出現在李坊營，有騎兵也有步兵，他們不向南豐那個方向去，都向北開，南城變成了甕中之鼈，南豐却僥倖躲過了鐵蹄的蹂躪，也給我們一線生機。

天黑了好久我們都不敢行動，因爲我們要橫過那條山路，我們怕碰上了敵人的後續部隊。直到馬路上沒有幢幢的鬼影，沒有馬嘶的聲音，我們才在那個商人的領導之下，偷偷摸摸向南行動，一個跟着一個。她緊緊地抓住我的手，一點也不敢放鬆。

山上沒有路，我們只能藉着微弱的星光辨別方向，高一脚低一脚地走着，樹枝又阻擋着我們，前面的人用手拂開的樹枝，往往彈在我的臉上，很痛，很痛，而我還要隨時照顧她，不讓她跌倒，

可是山很崎嶇，石塊樹椿又多，有不少人跌倒，我雖然小心謹慎，還是踩翻了一塊鵝卵石，脚底下一滑，倒了下去，她也跟着跌倒，跌在我的身上，她的頭髮披在我的臉上，我腰上被一塊稜形的石頭撐着，很痛，我輕輕地對她說：

「快點起來，我受不了。」

她的手在我的肩上用手一按，人便站了起來，又把我拉起。

「傷了那裏？」她關心地問。

「腰有點痛。」我用手抵住腰，她連忙替我揉了幾下。

「妳貴姓？」我輕輕地問她。

「姚。」她也輕輕地回答。

「剛才他們問妳是不是我太太？妳爲什麼點頭？」

「這樣對我方便些，因爲我是一個女人——」

我哦了一聲，我不能不佩服她的急智。假如當我從她身上跳過時，她不雙手抱住我的脚，她就不會在這裏，也許死於亂槍之下，也許遭了那些騎兵的蹂躪。

「你不介意吧？」

「旣然對妳有利，對我又沒有損失，我又何必小器？」

「你貴姓？」

「吳，口天吳。」

「吳先生，我眞不知道怎樣謝你？」

「現在生死未定，不必客氣。」

就是這麽一躭擱，我們掉了隊。當我警覺時，我連忙拉着她追趕大伴，如果我們兩人在山上轉，也許會迷路，要是碰上了日本人那就更糟。

終於，我們趕上了大伴，我前面的人蹲在地上不敢作聲，我也不敢發問。突然我聽見女人的呻吟，姚小姐一聽見這種聲音，身體就一震，手抓得更緊。

過了一會，我們又聽見男人的笑聲和皮靴聲，那聲音正向山下李坊營那邊移動。隨後又是女人的啜泣聲和咒罵聲。

「該死的日本鬼子！」姚小姐輕輕地罵了一聲。

前面的人一直不動，我們自然也不敢動，我有一種草木皆兵的感覺，我想最少李坊營留駐了一部份敵人。

姚小姐顯得焦急、恐懼、不安，我雖然看不見她臉上的表情，但我能感覺到她身體的震顫，和呼吸的追促。

大約半小時後，我前面的人移動了，我也跟着移動，姚小姐仍然緊緊握着我的手，一步不離。

我們終於穿過了山路，翻過了兩座山頭，才吐了一口氣。

李坊營那幾家飯鋪，還有燈火閃爍；李坊營以南的公路卻是靜悄悄的，由於山上的荆棘太多，根本無路可走，我們一致決定冒險下山，沿着公路走。

在離李坊營兩三公里的地方，我們下了山，除了幾聲狗叫之外，沒有遇着一個人，路邊幾家老百姓也逃走一空了。

剛踏上公路時我們既歡欣又恐懼，歡欣的是脚下的路是平坦的，沒有阻擋，沒有遮攔，恐懼的是怕碰上了敵人的巡邏隊，那就掉進虎口了。

我們屏聲靜氣地靠着山邊疾走，前面的人幾乎是小跑，他們最牽無絆，很多人都是空手，只有幾個人提了小包袱，行動非常方便。我身上背了一個背包，手上牽着姚小姐，她自己手上又提着一個小布包，起初我拖着她跑，她還能勉強跟上大伴，漸漸地她直喘氣，脚步也有點踉蹌，前面的人把我們越丟越遠，連頭也不回，我心裏一急，脚步一加緊，手一帶，她雙脚一跪，跌了下去，哭泣起來：

「你自己逃命吧，我實在跑不動了！」

假如我拋下她，還有希望趕上前面的同伴。但我有點不忍，即使不碰上日本人，她一個人在這深夜，在這樣的荒山野路，駭也會駭死，到南豐還有二三十里路呢！

突然山裏「喔──」的一聲獐叫，她連忙一躍而起，拖住我輕輕地哭叫，她全身都在顫抖，像一隻待宰的小白兎。

「不要怕，」我安慰她說：「這是獐，不是鬼。」

停了一會她才鬆開手，我又對她說：

「快走！這裏不能停留。」

她馬上牽住我的手，跟着我跑。

我知道再也趕不上前面的大伴了，我已經聽不見他們的脚步聲，望不見他們模糊的身影。俗語說「夫妻本是同林鳥，大難到來各自飛。」我怎麼能怪他們不等我？何況姚小姐和她的父母都是各奔西東哩！

我心裏有點怕，但不是怕鬼，而是怕人。第一是日本人，第二是殺人越貨的土匪。這一帶從前被共匪盤踞過，現在雖然共匪已經絕跡，土匪却不少，行政區督察專員都被土匪綁去過，一個月前還附近就殺死了一個棉花客人，到現在還沒有破案，因爲離這裏不遠就是一座大山，那是土匪窩，保安隊根本不敢去。

我心裏怕，嘴裏却不敢講，只是暗中加緊脚步，頻頻催她快走。

她跟我密鑼緊鼓地趕了一陣路又不住地喘氣，同時輕輕地懇求我：

「走慢點好不好？反正前面的人已經趕不上了。」

我只好放緩脚步。其實我自己也很累，從早晨八點起直到現在，沒有好好地休息，要是平日，這正是午夜夢回的時刻了。我不但很累，而且很餓，當我一有這種感覺時，兩條腿簡直軟得提不起來，便不由自主地坐在路邊的一塊大石頭上。

她看見我坐下也連忙在我身邊坐下，而且全身癱瘓地靠在我的肩上，重重地嘆了一口氣。

我疲倦得連眼睛都睜不開，她的髮香混合着一種少女特有的汗香，對我也缺少刺激的力量。山上一聲獐叫，又把我驚跳起來，我也睡意全消，打起精神繼續趕路。直到東方泛着白魚肚皮般的顏色，我們才望見南豐城，心裏不禁一陣歡欣，看樣子南豐沒有丟，只是像死樣的沉靜。

我看見她臉上浮起一絲淡淡的笑容，同時我也發現她的陰丹士林旗袍被山上的荊棘挂破了，胸前露出一塊白肉。她自己沒有發覺，我提醒她說：

「妳的衣服挂破了。」

她向自已身上打量了一下，發現胸前破了一大塊，突然臉一紅，連忙雙手遮住。前面不遠的地方有一個賣茶水中伙的茅草棚子，我用手一指，對她說：

「快到裏面去換換，我在外面把風。」

她低着頭，跑了進去。我在附近站着。

天剛亮，路上沒一個人，死樣的寂靜。

她穿了一件白底黑花點子的短褂，黑長褲，提着小布包袱走了出來。一副江南村姑的打扮，顯得格外俊俏。見了我臉上還有點紅暈。

我們走到南豐時，發現進城的人少，出城的人多，出城的又多半帶着行李箱籠，有的下鄉，有的沿着公路向廣昌那個方向逃走。這條公路上又像昨天從南城出來的人一樣，拖了幾里路長。

我們都很餓，在城外的豆漿攤上吃早點，臉沒有洗，口也沒有漱，在這種時候實在顧不了這許多。

「我決定逃到贛州去，妳準備怎樣？」我問她。

「原先我父親母親也是準備去贛州的。」她說。

「那邊有親戚朋友嗎？」

「我婆家在贛州。」

「那很好，他們是贛州人？」

「不，」她搖搖頭：「也是逃難去的，不過他們去得早。」

「南豐的人也在逃難，我看妳還是去贛州好？」

「我父親母親怎麼辦？」她眼圈一紅。

「假如他們吉人天相，一定會逃出來；萬一不幸，也沒有辦法。妳總不能毫無把握地在南豐等他們？」

「可是，我沒有錢，我走不了！」她的眼淚滾了下來。「錢都在我父親身上。」

「沒有關係，」我安慰她說：「只要我能到贛州，妳也能到贛州。」

「那怎麽好？」她望着我說。

「我們的命都是撿來的，錢算什麽？」我對她說。「昨天的那些難民，誰的身上沒有帶幾個路費？還有那些大捆小包，大箱小籠，裏面該有多少好東西？該有多少金條銀元寶？結果投河的投河，打死的打死，沒有死的統統被日本人像猪一樣趕回去，命都難保，錢又算什麽？」

她聽我這樣說，便不作聲。

吃飽以後我們就跟着人流向西走。我揹着背包，她提着小布包。

「這一路還要請你多多照顧，我們還是用昨天那個老法子。」她紅着臉對我說。

「只要妳不覺得委屈，這臺戲我就陪妳唱下去。」我笑着回答。

她滿面羞紅地望着我，似乎有很多話想說，但終於嚥了下去。

我們這對假夫妻，就夾在三敎九流的難民群中一步步地向前走。

我發覺有些人偷偷地向她注視，這使我的心情加重了一點，假如她是單獨逃難，那後果眞不堪設想了。

走到百舍時，碰上了一枝從宜黃那方面敗退下來的川軍，他們歪戴着帽子，做着風紀和，有些士兵用步槍作扁担，挑着鷄籠，搖搖幌幌，鷄在籠子裏驚叫，他們嘴裏駡着粗話。

逃難的人看見這批川軍，都有點驚惶失色，低頭急走，希望早點擺脫他們。

我的心情却更沉重，因爲我當初就分發在川軍裏當見習官，看得太多了，最後實在看不慣，才一氣脫掉二尺半。我知道他們什麽都幹得出來的。

當我們從一座石橋上走過時，一個士兵突然扔了一枚手榴彈在橋下的水裏，轟然一聲，水花四濺，我被這突然的爆炸聲驚得一怔，她也嚇得一跳，抱着我哭叫起來，士兵們看了拍手大笑，那個投手榴彈的士兵却尖酸下流地說：

「龜兒子，要親熱也躲在閨房裏親熱嘛！現在還沒有天黑，何必當衆出醜？」

她連忙放下我，臉上氣得青一陣白一陣。我比她更氣，我的心快要爆炸，如果我還是一個帶兵官，我就先解決他們。但是我現在是個手無寸鐵的難民，我硬忍下這口氣，扶着她走過石橋。他們一陣哄笑，捲起褲脚下水捉魚。水底的游魚經手榴彈的轟炸，都仰着肚皮浮在水面，他們毫不費力地捉住，隨即往岸上一拋，又揚起一陣歡笑。

難民們都低頭急走，不敢看這種熱鬧。她一手撫着胸口，倚靠在我肩上，臉色慘白如紙。我心事重重，感慨萬端，過去我所見過的一切壞事，統統湧到眼前，但我不敢對她明講，只輕輕地對她說：

「我們快點走，最好天黑以前趕到廣昌。」

她立刻體會到我話中的含意，望着我眼圈一紅，勉強打起精神加快脚步。

走着，走着，我發現她有點跛，皺着眉痛苦不堪的樣子，我輕輕地問：

「怎麼回事？」

「我的脚起了泡！」她掉下兩滴眼淚。

從昨天早晨走到現在，走了一百多里，不曾好好地休息，無怪她的脚起了泡。我有長途行軍的訓練，一天走過一百二十里的山路，教了一年書，現在走起來都感到兩脚脹痛，何況她細皮白肉？

「忍耐一點，到廣昌多休息兩天。」我鼓勵她說。

她向我苦笑，笑出兩顆眼淚。

我們又開始掉隊了！難民群埋頭急走，漸漸把我們摔了下來，越摔越遠。前面的士兵我們不但無法超過，後面那些炸魚的士兵，又趕了上來，他們用樹枝穿着魚腮，掛在槍尖上，唱唱笑笑地從我們身邊擦過，又回過頭來邪惡地望了她幾眼，然後又是一陣哄笑。

大熱天，她一連打了兩個寒噤。

我心裏也像掛着許多吊桶，七上八下。我望望後面，後面還有很多散漫的士兵。望望兩邊，右面是直上雲天的青灰色的高山，在太陽底下望望都有點頭暈，左面也是犬牙交錯的山，公路從谷地穿過，有很多地方是開山鑿路，山如刀削。我看看沒有辦法再趕上難民群，也沒有辦法超過這批川軍，我想索性掉在後面。但默察形勢，這一帶人烟稀少，地勢險惡，正是土匪出沒的處所，少數獨立人家，亦非善類，這種地方土匪和老百姓是很難分的。

這眞是一個進退維谷的處境，只好一心一意向前走，離廣昌二十里左右有一個小鎭甘竹，天黑以前能够趕到那裏也許可以找一個老百姓家裏藏藏身？

她的脚越跛越厲害，右脚脚掌不敢落地，只用脚跟踮着走。我只好牽着她。

「咬咬牙，無論如何我們應該趕到甘竹。」我在她耳邊輕輕地說。

她眞的把牙一咬，極力忍住痛苦，加快脚步。

「格老子！今天晚上有魚有鷄，還有那個女的，眞安逸！」

我聽了一驚，循着說話的聲音抬頭一望，說話的正是那個把魚掛在槍尖上的炸魚的士兵。他們幾個人不在公路上走，却抄着山坡上的近路。

我們走在他們的後面，又是走在山如刀削的路邊，所以沒有被他發現。

我怕他們發覺我們識破了他們的壞心眼，立刻招來大禍，連忙把她帶住，悄悄地坐在路邊。

「那個龜兒子的福氣倒眞不錯，討了個那樣漂亮的老婆！不知道他龜兒子幾世修來的？」另一個右手提魚的士兵說。

「格老子！今天晚上大家安逸安逸，不能讓他龜兒子一個人吃獨食！」另一個士兵接腔。「最好格老子把他幹掉。」

我不自禁地打了個寒噤，她蒙着臉嚶嚶地哭泣起來。

「我還是早點死了吧！免得連累你！」她突然抬起頭來對我說。

「不要自己尋死，」我安慰她說：「我沒有做虧心事，如果應該今天死，我也決不逃避。」

她伏在我身上哭泣。

我看看那幾個士兵已經走下山坡，輕輕地推她一下：「現在我們可以走了。」

「我們最好不要自投羅網？」她抬起頭來望着我說：「能够避一下就避一下。」

「前不巴村，後不巴店，我們無處可避。」我打量一下周圍的形勢說：「甘竹是個鎮市，老百姓多，我想他們不敢無法無天？」

她無可奈何地站了起來，扶着我艱難地行走。

我們到達甘竹時已經暮色蒼茫了！

鎮上沒有一個難民，到處都是散漫的士兵。有的提着槍東找西找，有的解開扣子，披着草黃的上裝游蕩。

幾十戶商店人家，多半關門閉戶，門板上用粉筆號了字，我們看了好幾家，希望有一家老百姓肯收留我們，結果却遭受士兵們無禮的吆喝，招來許多貪婪的眼光。

有一兩家老百姓從厨房伸出頭來同情地望了我們幾眼，但都噤若寒蟬，不敢作聲。

我們在萬般無奈之下，只好在鎭邊的一個小土地廟裏棲身。因爲這裏離廣昌還有二十里，黑夜趕路更危險，只要有一個士兵提槍跟蹤我們，他就很容易把我解決，將她蹂躪。所以我不敢走，同時她也寸步難行，我們只好擠在這個土地廟裏聽天由命。

我們又累又餓，大行軍鍋裏的飯香刺激我們，使我更飢腸轆轆，她不時輕輕地嘆氣。

雖然我們疲憊得要命，但是不敢瞌睡，她更是恐懼地睜大眼睛。她幾次想在牆壁上碰死，都被我拉住。

「不要單獨尋死，」我對她說：「現在我們是生死同命，也許不致於——」

「我死了你就沒有事，你可以脫離虎口，連夜趕到廣昌去。」她說。

「我不能作這樣的事，」我搖搖頭：「死生有命，該怎樣死就怎樣死。」

她伏在我身上哭泣，身體顫抖得像一隻待宰的母鹿。

我已經把生死置之度外，反而鎭定起來。

「不要哭，眼淚感動不了惡人。」我搖搖她說。

「如果眞的出了什麼事，我怎麼對得住你?」她坐起來說。

「我說了死生有命，不要再想這些問題。」

於是她雙掌合在胸前，喃喃地祈禱，輕輕地哭泣。

我思潮起伏，在離開南城以前，我萬萬沒有想到會遇上這樣的事。以前打仗時我都很少想到死，現在我却不能不想到死了。那個士兵的話使我想到刺刀和手槍，我不知道他們究竟用那一種武器對付我？

我靜待惡運的來臨。

突然，我聽見脚步聲，接着是手電的閃光。

我的心一跳，她一把摟住我哭着說：

「他們眞的來了！怎麽辦？怎麽辦？」

她的身體抖得很厲害，愈走愈近的脚步聲，也使我有點發抖。

突然一道電光直射過來，照在我的臉上，使我的眼睜不開。她一聲尖叫，死死地摟住我。

「龜兒子！格老子早就發現你們形跡可疑，要不是你們這班漢奸，日本鬼子怎麽會抄格老子的後路？」

我一聽這罪名可不小，大吃一驚，大聲地說：

「同志，你們別寃枉好人，我們不是漢奸！」

我覺得我身上挨了一槍托，有幾隻手把我們兩人提了起來，拖出土地廟。手電一亮，我看見那個端步槍的正是用手榴彈炸魚，又把魚掛在槍尖上的士兵，我倒抽了一口冷氣。

她駭得大聲哭叫，卻被一隻手硬把嘴巴堵住，叫不出來，同時有人用力把她摟着我的手拉開。

「同志，」我改用四川話對他們說：「我們不是漢奸，前兩年我也是軍人，我在你們川軍當過排長，你們是那一軍那一師的？」

他們楞了一下，隨即有一個士兵說：

「你龜兒子不要妄想和格老子川軍攀親帶故，曉得你龜兒是那裏鑽出來的野種？」

「同志，我不敢冒充。」我連忙說出軍長、參謀長、師長的姓名。

他們鴉雀無聲，過了一會一個兵士說：

「好的，格老子帶你龜兒子去見連長，如果你龜兒有半點假冒，馬上就送你龜兒子去見閻王！」

於是兩個士兵架着我走，其他的士兵架着她，但不是和我一道。

「她是我太太，你們應該讓她和我一道。」我急叫着。

「龜兒子，不要這麽小器，你們分開一下有什麽關係？」一個士兵輕薄地說。

她極力掙扎，但是徒然，連聲音也像悶在水裏。

兩個士兵把我挾到一個店舖裏，我看到一個穿圓領白布汗衫的光頭坐在桐油燈下吃雞喝酒，我馬上認出他是我的同隊同學許鐵吾，我立刻大聲叫喊：

「許鐵吾！許鐵吾……」

他回過頭來楞了一下，但很快地認出是我，笑着走了過來。那兩個士兵自動把手鬆開。

「老許，閒話少說，快要他們去把我太太找來！」我指着那兩個士兵對他說。

他先是一楞，隨即恍然大悟，朝那個士兵把手一揮：

「快去！」

那兩個士兵連忙跑開，我這才到他房裏把經過情形講了出來，他顯得有點尷尬。

「老許，今天如果不碰着你，我們眞不堪設想了！怎麼紀律還是這樣壞？」

「老吳，幾十年的風氣，一下子怎麼改得過來？」他向我尷尬地一笑。「如果我也像你哥子一樣，早就氣跑了。」

我沒有心思和他談這些，我關心她的遭遇，我在他房裏急躁地走來走去。

不一會那兩個士兵把她帶了過來，他披頭散髮，一看見我就撲在我的身上哭了起來。

許鐵吾看了不好意思，故意大聲地叱責那兩個士兵：

「龜兒子！你們郎格搞的？大水冲到龍王廟，自家人不認識自家人！二天如果再亂來，格老子就剝你們的皮！」

我知道老許一方面是維持自己的尊嚴，一方面也是敷衍我的面子，罵了幾句也就算了，還能希望他眞的剝他們的皮？

那兩個士兵唯唯而去之後，老許立刻回過頭向我抱歉地說：

「老吳，眞對不起，讓嫂子受了一場虛驚。」

我不知道她是受了一場虛驚？還是遭了不幸？此刻無暇追問，反而指着老許對她說：

「這是許連長，我的軍校同學，謝謝他這位救星。」

「謝謝許連長。」她向他微微一鞠躬。

老許的臉微微一紅，自責地說：

「嫂子，眞對不起，這只怪我管教無方。」

他隨即吩咐勤務兵替我們騰出一個房間，讓她先進去休息一下。同時要伙伕準備飯菜。

我不便和她進房，只得留在老許房內和他話舊。

老許和我是同隊同學，我們兩人一道分發到四川部隊當見習官，他是四川人，本來就是四川部隊保送的，不但不受排斥，還很受歡迎，而且他像一般四川人一樣，有很大的適應性。他雖然和我一樣發現部隊裏有很多毛病，這些都是我們軍校學生應該設法革除的，可是他不作聲。我因爲不是四川人，在先天上就受排斥，加之對那些敗壞軍紀的事我一定要講，而且處罰過士兵，所以幹到中尉排長我就幹不下去，一張長假條子就脫下了二尺五，軍校那段苦完全白吃。想不到他很快就幹上連長了，不過不是原先我們那一團。

「老吳，你哥子結婚時怎麼也不給我一張喜帖？怕我送不起禮是不是？」

我沒有想到他會問這樣的問題，感到有點窘。但一想部隊流動性大，便支吾地說：

「你們今天東，明天西，誰知道帖子往那裏發？」

「那我今天補個禮好了。」他說。

「不必，不必。」我連忙搖頭。「今天得你搭救，我們就感激不盡了。」

「你哥子再說這種話，格老子要鑽地洞了！」他向我一笑。

本來我想好好地罵他一頓，把那幾個混帳士兵抓來捶頓屁股，但一想到這還是無法無天的地方，也就點到為止了。

吃飯時他把自己吃的鷄也熱好端了出來，他原先是一個人喝酒，沒有吃飯，現在他和我們一道再吃。本來他要我喝點酒，但我太餓，不想喝空肚子酒，婉謝了。

他對姚小姐左一句嫂子，右一句嫂子，起先她還有點臉紅，不時看我一眼，後來也漸漸坦然了。

她的頭髮梳了一下，不像剛才那樣蓬亂，心情好像也平靜了一些。我們都是早晨在南豐吃的早點，現在都很餓，我吃了四五盌，她也吃了三盌。菜很好，有鷄有魚，我知道這都是不化錢的。

飯後，他對我們兩人說：

「這兩天你們太辛苦了，你和嫂子早點進房休息，有話我們二天再擺。」

本來我想和他聯床夜話，渡過這道難關，但他先提了出來，使我猝不及防，真不知道如何是好？姚小姐生怕我露出破綻，連忙向我把頭一點，而且立刻起身走進房去，我只好跟在她的背後。走到房門口我又遲疑了一下，她回過頭來向我睞睞眼睛，我一脚跨進去，她隨手把門關上，把背在門上一靠，眼淚便像斷線的珍珠簌簌地掉下來。

桌上的桐油燈閃着暗淡的光，照在她曬得發紅的臉上，現出兩行淸淚，像兩條蚯蚓爬在赭紅的地上。

「妳沒有受什麽委屈吧？」我輕輕地問她。

「要是再遲一步，我就沒有臉見你了！」她抹抹眼淚說。

我輕鬆地吐了一口氣。

我掃了房裏一眼，房間不大，窗很小，上方有一張古老的大木床，床上有一床花布被，沒有臥單，却有一張舊得發紅的蔑蓆，一對長枕頭。床前有一張方桌，一把竹椅，一隻陳舊的衣櫃。

「我沒有想到事情會弄到這種地步，現在眞使我進退兩難。」我望望她說。

「如果不是遇着你，我已經落進了老虎口！」她望了我一眼，又低下頭去絞弄衣角：「這兩天我們同生死，共患難，現在又何必顧那些禮數？」

「如果不是遇着老同學，我八成兒見閻王了！」我也感慨地說：「怎麼能進這個房？」

她抬頭望了我一眼，又滾出兩顆眼淚。

「他們先前打了你什麼地方？」她忽然關心地問我。同時走了過來。

「胸口。」我指着胸口說。

她望着我，眼淚汩汩地流。我看她剛才一步一跛，指指木床對她說：

「妳上床休息一下，站着吃力。」

我自己也感到兩腿好像不是我自己的，先往竹椅上一坐。她看我坐下了，也一跛一跛走到床邊，在床沿上坐了下來。

「我的脚好痛，起了好幾個大泡。」她脫掉一隻鞋，皺着眉捏捏脚。

「把它挑破，就會好些。」我說。

她聽我的話，從頭上抽出一個髮夾，把襪子褪了一半，又突然停了下來，含羞地望着我說：

「你不介意吧？」

「不。」我搖搖頭。

她迅速地把襪子脫下。她的脚小巧而白嫩，脚趾與脚板之間起了三個紫色的大血泡。她咬着牙一一挑破，流出紫色的血水。

「夾子借給我，我的脚也起了泡。」

她把兩隻脚的血泡挑完之後，我對她說：

她連忙把襪子鞋子穿好，走了過來揚着夾子向我一笑：

「我替你挑。」

「不，不！」我連忙搖手一笑：「我的脚又髒又臭。」

「沒有關係，我不在乎。」她笑着回答。我第一次看見她眞笑，笑得像盛開的百合。

「不，我不慣受人服侍，」我搖搖頭，伸出手：「請妳把夾子給我？」

她笑容一斂，滿臉懊喪，無可奈何地把夾子遞給我，嘆口氣：

「你老虎口裡拖猪，照理我一切都應該屬於你，替你挑幾個血泡又算什麽？」

「不，我沒有這樣想過。」我用力搖頭。「妳快點上床睡覺，明天我們還要趕路。」

「你呢？」她兩眼凝視着我。

「我就在椅子上靠一靠。」

「椅子讓給我，你上床去睡。」

「我當過軍人，隨遇而安，一兩夜不睡也熬得過去。」我說：「妳可不同，我相信妳沒有吃過這樣的苦。」

她突然眼圈一紅，雙手蒙着臉哭了起來，我把她扶上床去，她伏在枕頭上啜泣。我眞後悔我不該說這樣的話。

我讓她哭，以減輕她心頭的負擔，我回到椅上，迅速地挑破了幾個血泡。脚上的痛苦減輕了，肚子也很飽，過度的疲倦使我睜不開眼睛，我在她輕微的啜泣中靠在椅子朦朦朧朧地睡着了。

一覺醒來，我發現我身上蓋了一床被單，她靠着桌子站在我的面前，脈脈地看着我。

「怎麼？妳沒有睡？」我驚奇地問。

「睡了一會，」她點頭微笑，素淨的臉如雨後的天空，明朗，清新。「不過沒有你睡得好。」

我看看太陽已經穿過那個狗洞般的窗口，射了進來，連忙一躍而起。她從我手上接過被單，拖上床去，疊好。

我打開房門，走到許鐵吾的房間去，劈頭就問：

「老許，前方的情況怎樣？」

「南豐還沒有丟，聽說敵人正在南城姦淫擄掠。」

「你們走不走？」

「不，」他搖搖頭：「我們在這裏待命。」

「那我先走了。」我說。

「飯菜已經預備好了，你們快點洗臉吧。」他說。

於是，我們匆匆地洗過臉，吃過飯，我揹起背包，她挽着包袱，一道上路。

老許送了我們一段路，分別時他開玩笑地對她說：

「嫂子，你們結婚時沒有請我吃喜酒，二天生了娃娃，可別忘記請我吃紅蛋囉！」

我被老許這兩句話說得非常尷尬，她却笑着點頭。

中午時我們走到了廣昌，廣昌擠滿了難民，這個小山城也顯得有點驚慌。在車站我碰到了一個熟人，他幫忙我買了兩張到寧都的黃魚票，我們眞像兩條黃魚樣地闖進一輛木炭貨車的車廂，而且不敢吭氣，像賊一樣。

到寧都已經天黑了。寧都却呈現着空前的繁榮，街上燈光閃爍，萬頭攢動，地攤如雨後春筍，旅館，客棧，住滿了有錢的難民。我們費了九牛二虎之力，才找到一個小客棧容身。

因爲聽說寧都和雩都之間的賴村是土匪窩，徒步旅客難民常遭打刼，我便不敢冒險步行，但是也沒有錢再買黃魚票，我決心在街上車站轉轉，看看是否能搭上去贛州的便車？

我爲了讓她多休息一下，便單獨走出去。在街上我碰到幾個熟人，而最難得的是碰到一位同鄉，他在寧都唯一的一家四開小報當採訪主任，他說報社正需要一個編輯，便不由分說地拖我去見總編輯。我因爲到贛州去工作並無把握，在南城敎書時也兼了當地一家四開報的編輯，所以和他一道去了。想不到見了總編輯，談了幾句話，就當面把工作決定了。

「但是我還有一個問題。」出來後我對我的同鄉說。

「什麼問題？」他問。

我便把姚小姐的事源源本本地告訴他。他聽完以後笑着一拍大腿：

「儍瓜！你和她結婚不就得了？何必送她去贛州？」

「我不能乘人之危，」我堅決反對。「何況她已經訂婚。」

「你眞的決心送她去贛州？」他問我。

「最少我也要替她找部去贛州的便車。」我說。

「這倒容易。」他點點頭，帶我到車站去。

他的熟人多，吃得開，眞的找到了一部便車，不要一個錢，而且，老板和司機還很客氣，明天上午八點開，準時就行。

回到小客棧，我將我找到了工作的事告訴她，她聽了非常高興。可是當我把替她找好去贛州的便車的事告訴她時，她却低頭不語。

「車子明天上午八點開，我送妳到車站。」我補充說。

「我不去贛州了，我也留在寧都。」她忽然抬起頭來望着我說。

「那怎麼行？」我望着她說：「我在寧都有工作，去不去贛州無所謂，妳和我不同。」

「我也在寧都找工作好了，你看看報館要不要校對？」她兩眼盯着我。

「妳婆家在贛州，妳怎麼可以中途停下來？」

「我不去贛州，永遠不去贛州了！」她紅着臉說。

「那怎麼行？將來的閒言閒語難聽！」

「我又沒做什麼壞事，問心無愧。」她勇敢地說。

「妳有約在先，我們相見太晚。」我說。

「那是我父母主持的婚約。」她把身子一扭。

「所以現在妳更應該去贛州。」我加重語氣。

她聽我這樣說，馬上軟弱地倒在床上，傷心地哭了起來。

第二天清早，我送她到車站，她的眼淚一直不停地流，我心裏也非常難過，但我不敢在她面前流淚，我還強作歡笑地講些不着邊際的話。

當我把她扶上車廂時，她攀着木板哭着對我說：

「早知如此，我情願被日本人亂槍打死！」

車子開動時，她已經哭得像個淚人，白底黑點的花短袿上洒滿了密密麻麻的淚痕；我也淚眼模糊，不敢再多看她一眼。

下午三點多鐘，從賴村傳來一個消息，說是一輛開往贛州的車子被刼，司機遇難，車上唯一的女客被土匪拖上山去做壓寨夫人了。這消息眞如晴天霹靂，使我楞了好半天，後來我去找那位同鄉，請他想個法子搭救，他兩手一攤，衝着我說：

「誰叫你把她送進虎口？老虎嘴裡拖猪，有個屁的法子！」

我被他罵得啞口無言，眼淚往肚裡流。

傷心之旅

一

我有個學生廖維仁，在知本溫泉山地教書。承他的好意，寫信來邀我去山地玩幾天。暑假無事，今年天氣又特別熱，我嚮往知本溫泉已久，廖維仁說山上的風景奇佳，而且涼爽，山胞渾厚純樸，好客，因此我決心去一趟。

一個人旅行不免有點寂寞，同事姜桂仙老師是個雅人，平時落落寡歡，但喜遊山玩水，她先生劉伯璋雖是個化工技師，和我的交情也不錯，我決定邀這對青年夫婦同享山水之樂。

當我把這個意思向他們兩人說明之後，姜桂仙臉上浮起一絲笑意。她很少笑，但嘴角微啓，卻格外優美動人。

「眞的？我們去會不會增加他的麻煩？」她望着我說。

「我想吃住都無問題，就怕你們兩位不習慣山地生活？」我說。

「可惜我抽不出時間，不然我眞想同你去玩幾天。」劉伯璋遺憾地說。

「你不可以請幾天假？」我問。

「最近廠裡忙得很，恨不得要我天天加夜班。」

「你不能去那怎麼辦？」我望望他，有點爲難，話已出口，我又不便和姜桂仙單獨去。

「你眞的不能請假？」姜桂仙望望丈夫。

劉伯璋搖搖頭，抱歉地一笑：

「妳和吳先生一道去不好？今年春假你們不是一道去旅行了嗎？」

「那是團體行動。」我說：「如果你眞不能去，可不可以阿珠陪姜老師一道去？」

阿珠是他們的下女，年輕，活潑玲俐，討人歡喜。

「該死！」劉伯璋在後腦上一拍：「我怎麼沒有想到？好，就這麼辦。」

「阿珠同我一道去，你怎麼辦？」她問丈夫。

「我一個人好辦，在廠裡吃飯不就得了？」

「那你將就幾天，來去頂多一個禮拜。」我對劉伯璋說。

「你們多玩幾天也沒有關係，讓桂仙輕鬆一下，難得一個暑假。」他體貼地說。

阿珠聽說可以出去遊山玩水，早已眉開眼笑，現在又急切地望着我說：

「吳先生，那天動身？」

「隨便妳們。」

「要不要先徵求廖先生的同意？」姜桂仙又審慎地問。

「我馬上寫封限時信通知他好了。去年他就要我去，他說山上寬敞得很。」

「謝謝你給我這麼一個好機會。」她感激地一笑。

二

姜桂仙和我商量決定，乘這次機會來一次環島旅行，以臺北爲起點，經蘇花公路到花蓮臺東，再由臺東經西南部回臺北，她還想利用這個機會去四重溪和關子嶺暢遊一番，日月潭她是去過了。

動身這天，我們在公路局車站集合，她和阿珠到得比我還早，他顯得特別愉快，有說有笑，不像平時那樣眉峯常聚，那對明如秋水的眼睛總像籠着一層輕烟薄霧，脉脉含愁。

「吳老師，這次我們可以暢遊一次名山勝水了。」我買好票，遞兩張給她，她興奮地說。

「可惜臺灣好山好水不多，要是在大陸，妳可以盡情徜徉於山水之間了。」我說。

「在大陸時我還小，不懂得寄情於山水。」她把票子塞進手提包，微表遺憾地說。

在大陸我跑的地方多，遊過的名山勝水也不少。臺灣除了知本溫泉之外，所有的名勝我幾乎遊遍了，兩相對照之下，就覺得韻味不同，氣勢懸殊，這次再一環島，以後就更沒有什麼地方去了。

「妳到過知本溫泉，四重溪，關子嶺，以後有情也無處寄了。」我笑着說。

「說不定我會選擇一個地方住下來？」她微微一笑。

「那不成，」我搖搖頭：「劉是學化工的，離不開工廠，妳也離不開學校，我們都得靠城市生活，那有那份淸福？」

「唉，」她輕輕一嘆：「我們眞變成了一個小螺絲釘，隨着大機器旋轉，轉得頭暈腦脹。」

直到金馬號進了站，我們才停止閒談，跟在別人後面上車，她帶了一口旅行箱，我義不容辭替她提着，阿珠帶着一些零零碎碎的東西，像回娘家似的。

我們三張票子聯號，上車以後，我讓她和阿珠兩人共座，我和一位老先生坐在她們後面。這位老先生非常健談，開車以後就和我搭上了腔，很少休息，她聽得有趣時便不禁回過頭來向我一笑。

到蘇澳時我們下車休息，吃午飯。姜桂仙顯得輕鬆愉快，阿珠更像一隻快樂的小鳥。

「姜老師，妳應該經常出來玩玩。」我覺得她每次出外旅行都很愉快，一回到臺北，又抑鬱寡歡，我不禁這麽說。

「我也這樣想，」她向我一笑，又指着太平洋：「你看，每洋多壯濶？」

「上了蘇花公路會更好看，一邊是山，一邊是海。」我指指前面。

「聽說蘇花公路好險？等會我們交換個座位好不好？」她望着我說。

我點點頭。我走過蘇花公路，有些膽小的乘客，從臺北出發時希望坐在窗子旁邊，看看風景，一到蘇花公路，靠海這邊的客人，多半不敢再坐在窗子旁邊，儘可能地調換座位，往裏面擠，尤其是女客。姜桂仙自然是同樣的，其實如果車子摔下去，不管你坐在那一邊，死神同樣歡迎。可是最聰明的女人也往往想不透這種最淺顯的道理，實在有趣。

上車之後，她眞的和我交換座位，阿珠自動的把座子給她，移到我的位子上去，我就坐姜桂仙原來的位子。

車子一進入蘇花公路，新來的旅客既好奇，又害怕，不時伸着頸子向外探望，不時雙手蒙着眼睛。阿珠和那位老先生一搭上腔，就說不完，指東劃南，問這問那，老先生興緻好得很，過的橋比她走的路還多，總是有問必答，而且從蘇花公路談到戰時的西南公路，滇緬公路，連姜桂仙也忍不住回過頭去望望他。

姜桂仙有點害怕，也有點興奮，在臺北時她彷彿比她的年齡大了十歲八歲，現在她又彷彿年輕了十歲八歲，如同二八年華的少女，充滿了喜悅，驚奇，而且和我喋喋不休，蘇花公路還沒有走到一半，她講的話就超過了我們兩三年同事的交談。假如她丈夫劉伯璋在一塊，他一定非常高興，旅行完全轉變了她的心情。

車到花蓮時已經五點，我們就住在花蓮。

吃過晚飯，蓮桂仙，阿珠，和我三個人一道上街蹓躂，她不但歡喜山水，歡喜零食，花蓮用地瓜花生做的各種土產甜食，她都買了點嚐嚐，而且帶了兩盒。我問她是不是回臺北？她笑着回答：

「留着明天我們在車上吃。」

花蓮不像臺北那麼擁擠，看電影也不必排長龍，恰巧「梁山伯與祝英臺」正在花蓮上演，我在臺北沒有看到，我提議請她們兩人看一場，阿珠笑着說：

「我看過，太太已經看過好幾次了。」

「妳有沒有興趣再看？」我笑着問姜桂仙。

她笑着點點頭，阿珠自告奮勇地代我買票。

我看電影從來沒有流眼淚，這部片子却使我暗暗地洒了幾滴，姜桂仙哭成了個淚人兒，我坐在她旁邊感到她身體劇烈地抽動，用手絹蒙着鼻子抽泣。

「我眞不該請妳看這場電影。」散場後我看她兩眼紅紅的，我後悔地說。

「這部片子很好。」她強作歡笑。

「太太看一場哭一場。」阿珠笑着撣嘴。

「難怪在臺北那麼轟動，這部片子眞不知道賺了多少人的眼淚？」我說。

「吳先生，你們男人到底心硬，你就沒有流淚。」阿珠望望我說。

「阿珠，你的心腸也不軟，我也沒有看見妳流眼淚呀？」

「嗨，吳先生，我爲誰流淚呀？」阿珠睜着一對大眼睛笑着問我。

「阿珠，怎麼妳還沒有男朋友哇？」我笑着問她。

「吳先生，你好壞呀！」她白了我一眼，笑着把身子一扭。

姜桂仙偷偷地拭了一下眼淚。

三

我們到達臺東火車站時，廖維仁親自來接，我介紹他和姜桂仙認識，姜桂仙客氣地說：

「廖先生，恕我打擾了。」

「那裏，您別客氣，如果不是吳老師的面子，我請也請不到哩！」廖維仁也客氣地回答。

「山上吃住該沒有問題吧？」我笑着問他。

「老師放心，再多來幾位也沒有問題，就是沒有好的招待。」廖維仁說。

他隨即接過姜桂仙的箱子，把我們帶到附近一家餐館吃午飯。之後，他又帶我們在臺東街上逛了一趟，臺東是小地方，用不着多少時間就走遍了。

我們搭一點半的車子去知本溫泉，下車後要走一段路。在一個小狹谷裡面，有幾家溫泉旅館，淸靜幽美，如果不是廖維仁來接，這一段路就够我累的。

臺灣有名的溫泉如四重溪，關子嶺，焦溪，北投，我都洗過，就只知本溫泉還沒有領略。天氣熱，正好痛快的洗過澡。這裡水和四重溪，焦溪的差不多，乾淨得很，不像關子嶺那種泥湯。洗過澡後眞的一身舒暢，狹谷裡很早就沒有太陽，陰涼多了。

姜桂仙很愛這裡的幽靜，她洗過澡後在走廊休息，欣賞翠綠的山景。

廖維仁建議我們上山，到他們學校去住，我問他時間來不來得及？他說來得及。姜桂仙卦笑着對我說：

「吳老師，我們反正是出來遊山玩水，又不是進京趕考，不如在這裡住一夜，這裡的風景很好，你看怎樣？」

我知道她歡喜這個地方，只好點頭，她又客氣地對廖維仁說：

「廖先生，我們明天上山行不行？」

「主隨客意，行。」廖維仁笑着回答。

「這裡多靜？」她又望着我一笑：「臺北像個打翻了的黃蜂窩，連北投的溫泉也像澡堂一樣，那有這份情調？」

這裡實在寧靜，除了我們以外，簡直沒有別的客人。我眞不知道這幾家旅館怎樣維持？晚飯以前，姜桂仙要廖維仁和我陪她在溪床上散步，天乾，溪裡沒有一滴水，盡是光滑的大鵝卵石，她穿着平底鞋，走起來倒也方便。她在鵝卵石間拾取貝殼，和光滑的小石子。

廖維仁指着前面的山腰，告訴我們他的學校就在那萬綠叢中。

「那地方多好？」姜桂仙望着我說：「我們的學校建在馬路邊上，眞糟！」

「你畢業後就在那裡享淸福，倒也不錯。」我對廖維仁說。

「別人都不肯到山地來，只有我最傻。」廖維仁說。

「其實你最聰明，偉大。」姜桂仙說。

「還有一位老師更聰明，偉大。」他說：「他比我來得還早，年紀也比我大。」

「他是一位兒童教育家？」我問。

「那倒不是，」他搖搖頭：「起初他一個人住在山胞家裡，教了幾個山胞，作爲報酬，他不肯來學校教書，山上實在請不到老師，經校長一再情商，他才來學校執教，他的學問倒蠻好。」

「這人倒很有趣。」姜桂仙說。

「就是不修邊幅。」廖維仁說。

「說不定是個雅人？」姜桂仙望望我說。

「他的確與人無爭，上了課就走，連薪水都不計較。」

「眞妙！」姜桂仙一笑。

「他不住在學校？」我問。

「不，」廖維仁搖搖頭，又指指一朵白雲遮住的山頭：「他住在一個姓楊的山胞家裡，那朵白雲後面。」

「那上面的風景一定很好？」姜桂仙問。

「比學校的風景更好。」廖維仁說。

「離學校遠不遠？」我問。

「要走兩個鐘頭。」廖維仁回答。

「那太辛苦了。」

「山地不比城市，學生都從老遠來，他也走慣了山路。」

「他是不是打算在山地成家？」姜桂仙問。

「沒有這個意思，」廖維仁搖搖頭：「去年有個山地之花，校長給他作媒他都不要。」

「那他在山上幹什麼？」姜桂仙輕輕的叫起來。

「誰知道？」廖維仁望望白雲掩蓋的山頭，茫然一笑。

「明天我們上去玩玩，順便看看他好不好？」我徵求他們兩人的意見。

「要不要先通知他一下？」姜桂仙問廖維仁，她總是那麼有禮貌。

「不必，通知他反而見他不到。」廖維仁說。「他不願意交際，督學來了他都不理。」

「眞是人到無求品自高，」姜桂仙說：「我們的校長見了督學都滿臉堆笑。」

山村裏飄起縷縷炊烟，旅館的下女站在石階上喊我們「呷本」，阿珠笑着向我們招才，姜桂仙連忙撿起幾個光溜溜的小石子，碎步跑回旅館。

睡覺前我又在溫泉池子裏泡了三十多分鐘，水淸，溫度合適，泡在裏面眞不想起來。

這天夜晚睡了一個最舒服的覺，甜而無夢，入夏以來我一直沒有睡好。

第二天早晨在洗臉間碰見姜桂仙，她起得比我更早，我以爲她沒有睡好，她笑着說：

「昨天晚上睡得眞好！溫泉澡洗得非常舒服。」

「這裏的溫泉水質好，晚上涼爽，沒有人吵，在臺北就享不到這種淸福。」

「廖先生說，山上更涼，更靜，可以聽見樹葉落地的聲音。」她對着鏡子邊梳頭髮邊說。「要是眞的那樣，我打算厚着臉皮多住幾天。」

「只要妳樂意，放心住好了。」廖維仁昨天晚上告訴我，學校裏只有他和一個弄飯的山胞，校長和別的教師統統下山去了，他們的寢室都是空的，暑假期間長，住一個月都沒有問題。

「吳老師，你也願意在山上多住幾天嗎？」她轉過臉來問我。

「我是處處無家處處家，在那裏都是一樣，要是山上眞好，住到他們開學再走也可以。」我說。

「如果廖先生不嫌我們打擾的話，我們就多住幾天，回臺北實在沒有意思。」她把梳子往小巧的塑膠盒子裏一塞，笑着走了出去。

我洗完臉也回到自己的房間。廖維仁已經出去散步，我走到旅館門口，發現姜桂仙和阿珠也在溪床上散步。

廖維仁看見我，馬上回來，笑着對我說：

「吳老師，我們早點上山比較涼快，晏了太陽晒人。」

我點頭同意，他立刻吩咐下女開飯，我也把姜桂仙請了回來。

「這裏的空氣眞好，」她用力嗅嗅，帶着幾分天眞向我一笑：「沒有一點煤烟。」

吃過簡單的早餐，我們立刻上路，廖維仁替桂仙提着旅行箱子，姜桂仙撐着小陽傘，阿珠提着零零碎碎的東西跟在她後面。

山路狹窄，又是上坡路，只能容一個人走，如果是廖維仁一個人，他會走得很快，但有姜桂仙和阿珠一道，他走走停停，我也放慢脚步。

走了兩個鐘頭，才到他的學校。

這個學校是建築在一個平坦的山坳裏，周圍古木參天，綠蔭滿地，校園裏種了一些絲瓜、南瓜、黃豆、空心菜和生薑，另外還有一些扶桑花，茉莉、白蘭、薑花。

我們一走到校園，就聞到陣陣清香。姜桂仙高興地彎着腰在茉莉和薑花上聞聞，阿珠摘了一株薑花，姜桂仙怪她不該摘，廖維仁却大方地說：

「這東西賤得很，摘了才會發新的枝子。」

學校裏那個弄飯的山胞，看見姜桂仙，驚喜地睜着一對牛眼望着她，彷彿從來沒有見過。廖維仁笑着對姜桂仙說：

「姜老師不要見怪，這眞是個土包子。」

「你們學校沒有女老師？」姜桂仙問。

「女老師怎麽肯到山地來？我們這裏都是幾個光桿。」廖維仁笑着回答：「暑假一放就只剩我一個人了。」

這裏的確清靜涼爽得很，一走進房子暑氣全消。廖維仁把我們分配在兩個窗明几淨的房間裏，山上沒有灰塵，顯得特別乾淨。

姜桂仙很喜歡這裏的環境，她把東西一安頓好，就在校園裏散步，聞聞花香，逗着鷄玩，這些鷄都是廖維仁養的，山上沒有傳染病，鷄養得很好。

她指着學校後面那一列高山峭壁對我說：

「吳老師，你看那山多好看？可惜我不會畫，不然眞可以畫下來。」

臺灣的山可以入畫的並不多，這一處倒眞有峯巒峭壁之勝。

廖維仁替我解釋附近的形勢，他指出那個地方有山胞住，那裏有野鹿，山猪，那裏種了生薑，漆樹。

「喏，易老師就住在那峭壁附近，那裏有好幾戶阿眉族山胞。」他指着峭壁左面的樹林說。

「今天我們能不能上去玩玩？」姜桂仙問。

「可以，吃過午飯我帶你們去。那裏的山胞是臺灣最原始的往民，現在漸漸漢化了，易老師對他們很有影響。」

「這樣說他倒是個文化功臣了。」我說。

「如果不是他，那些小孩子都不會來上學的。」廖維仁說。「可是他一點也不居功。」

「這倒是個奇人。」姜桂仙輕輕一笑。

五

因爲昨天晚上睡得好，中午我們不想睡午覺，山上涼，人也不像在臺北那麼容易疲倦。

阿珠要替我們洗衣服，她留在學校，廖維仁帶着我和姜桂仙兩人上山去玩。

山上有人投資種了生薑，橘樹，漆樹。離學校不遠的一塊山坡上，全部種了生薑，大約有二三十甲地。廖維仁說，生薑一年收穫一次，由投資人和山胞合作，雙方都賺了錢。橘樹，漆樹要三年以後才能生產，大主子將來一年就可以賺幾十萬上百萬。

生薑的葉子葱綠可愛，白色的花還有點兒香味，整個山野間洋溢着一股清新的花香。

姜桂仙站在一棵相思樹下深深地呼吸了一次，彷彿要吸進所有新鮮的空氣和花香。

「吳老師，你看，那是不是綠島？」她指着太平洋萬頃碧波之上一個烏龜形狀的黯綠的影子問我。

「是。」廖維仁馬上回答。

「你住在這裏眞好。」她回過頭向廖維仁一笑。

「姜老師要是歡喜這個地方，以後每年暑假都可以來玩。」

「難道你在這裏教一輩子？」姜桂仙問他。

「三兩年內我不會走。」廖維仁說：「就是我走了易老師也不會離開，今天我帶你們去看看他也好，你們可以作個朋友。易老師雖然像個隱士，人倒是蠻好的。」

「他打算在山上往一輩子？」我問。

「他確實有這個打算，」廖維仁點點頭：「我上山後，他就沒有下過山，連知本溫泉也不去。」

「他能習慣阿眉族人的生活？」姜桂仙問。

「他已經習慣了！」廖維仁提高聲音說。

「這眞不容易！」姜桂仙嘆服地說：「不知道什麽力量在支持他？」

「除了宗教以外還有什麽力量如此偉大？」我笑着說。

「吳老師，他不信教。」廖維仁馬上否定了我的想法。

「那就奇了！」我望着廖維仁說：「你知道他爲什麽入山惟恐不深嗎？」

廖維仁搖搖頭：

「我問過他幾次他都不講，也許只有天知道？」

「吳老師，我們有幸，今天可以見識見識這位奇人。」姜桂仙笑着說。

為了急於拜訪這位易老師，我們三人不約而同地加快了脚步。愈往上走，氣候愈涼爽，山風一吹，遍體生涼，姜桂仙神彩飛揚，高興得很。

山胞的房子是建築在峭壁斜對面的山坡上，和峭壁之間有一條窄而深的狹谷，從遠處看，就像在峭壁邊上。

五六家用樹皮茅草作頂，石板木材作牆壁的簡陋住宅，並排而立，前面有十幾坪空地，種菜養猪，養鷄。我們一走近，一條小花狗就汪汪叫起來，一個赤脚，光着上身的男孩跑過來，叫了一聲「廖老師！」

「易老師在不在？」廖維仁問他。

「在。」那小男孩一面回答，一面打量姜桂仙和我。

突然從邊屋裏伸出一個毛茸茸的頭，嘴唇上下長着幾寸長的鬍鬚，他先高興地叫了一聲「廖老師！」一發現我和姜桂仙就怔住了，頭像卡在門口，廖維仁走上前去把他一拉，拉了出來，他的身體高大，比廖維仁幾乎高一個頭：

「易老師，我替你介紹，」廖維仁拉着他望着我們說：「這位是吳老師，這位是姜老師，他們兩位特地來拜望你。」

他望着我，我覺得那對眼睛和面孔都非常熟，我突然想起他是楊楚，我驚喜得叫了起來：

「啊！楊楚！眞想不到你躲在這裏！」

他默默地和我握手，姜桂仙突然「啊」的一聲哭了出來，我回頭望她，她雙手蒙臉，我以爲她受了驚駭，楊楚的樣子實在有點像個野人。

廖維仁怔怔地望着我和姜桂仙，不知道是怎麽回事？我也不知道姜桂仙是怎麽回事，我輕輕地問她：

「姜老師，這是怎麽回事？別怕，他是我的朋友。」

她又「啊」的一聲哭了出來。

楊楚突然開口：

「桂仙妳好？對不起，我使你受了驚駭。」

我和廖維仁不約而同地盯着楊楚，他的兩眼發紅，隱隱有淚。我和廖維仁面面相覷。

「不，我沒有受驚駭，只是我不該來。」她放下手，望着楊楚淚流滿面地說。

「眞的，我做夢也沒想到妳會到這裏來。」他望着她嘆了一口氣。

山胞已經圍攏過來，姜桂仙連忙擦擦眼睛，我輕輕地對她說：

「我們進去坐坐吧？」

「不，我要回學校去。」她輕輕回答。

楊楚的聽覺非常敏靈，他立刻向他她悽然一笑：

「妳的決定很好，本來我們就不應該再見的。」

姜桂仙的眼淚又流了出來。廖維仁輕輕地問我怎麼辦？我只好對他說：

「那我們回去吧。」

廖維仁向楊楚輕輕地說了聲「對不起」，領先下坡。姜桂仙望了楊楚一眼，轉身跑下坡去。

楊楚悽楚地說：

「桂仙，對不起，我不送妳。」

姜桂仙用手絹蒙着臉，踉踉蹌蹌地往下跑。我握握楊楚的手，輕輕地對他說：

「楊楚，我先陪她下去，我會再來。」

六

上山時我們談談笑笑，下山時我們變成了三個啞吧，沒有講一句話。

晚上那個山胞特別為我們殺了一隻雞，可是姜桂仙沒有吃飯，我也食之無味。

夜晚皓月當空，月光照在地上像鋪了一層霜，顯得有點兒悽凉。

姜桂仙約我到校園散步，一開頭她就抱歉地對我說：

「吳老師，眞對不起，我掃了你的遊興。」

「我也非常抱歉，我實在沒有想到楊楚會在這裏隱姓埋名？」

「你們是很好的朋友？」

「說好那我有點高攀，不過我們很熟。」

「吳老師，我想我也不必瞞你，」她望着我坦率地說：「我和他有一段很深的情感。」

「這我看得出來，」我點點頭：「但是事先我完全沒有想到。」

「這是我們心裏的秘密。」

「我只知道楊在愛情方面受了挫折，突然離開臺北，根本不知道他跑到什麼地方去了？」

她眼淚滴滴而下，月下看來，更加美得悽涼。

「吳老師，你以爲我很寡情吧？」她望着我悽然一笑。

「不，」我搖搖頭：「我的想法剛好相反。」

「今天的事情你不要讓阿珠知道。」

我點點頭。她又接着說：

「我決定明天早晨下山。」

「妳不多住兩天?」

「我給廖先生帶來了意外的困擾,也掃了你的興,我非常抱歉。我決定單獨到四重溪去住幾天。」

「妳在路上不大方便,我應該陪妳去。」

「謝謝你,有阿珠一道,她會替我料理。」

我心裏有很多話,但是不知道怎樣講好?

第二天吃過早飯之後,我和廖維仁一道送她下山,在中途站她們搭上了去高雄的班車。

送走了姜桂仙我心裏非常悵惘,一路上很少和廖維仁講話,我囑咐他:

「這件事你千萬不要傳出去,楊楚你還是叫他易老師。」

「吳老師,究竟是怎麼回事?」廖維仁到底年輕,不免有點好奇。

「人生如夢,不必盤根究底,」我馬上堵住他。

回到學校之後,我喝了一杯茶,休息了一會,又繼續上山,廖維仁要陪我,我把他擋了回去。

我來到楊楚的門口,他正雙手板着頭,躺在木板架着的床上,兩眼望着屋頂的茅草樹皮。我叫了他一聲,他側轉頭來望望我,慢慢地坐起招呼我進去。

我的身材不算高，但進門却要低頭彎腰。房間沒有桌子，也沒有凳子，我只好坐在床上。我發現白被單已經變成灰被單，掛在壁上的衣服也破破爛爛。

「楊楚，你何必一個人在山上自苦？」

「老吳，這是我最後一次戀愛，我把一切都投進去了。」他兩手作了一個投的姿勢。

「怎麽會好事多磨？」

「唉？一言難盡！」他嘆了一口氣，停了一會，從汚黑的枕頭底下摸出一本破爛的日記遞給我。

「我可以看嗎？」我審愼地問。

「沒有關係，只要你不對廖老師講，因爲我還要在這裡住下去。」

七

承老劉的好意，介紹我在姓楊的山胞家裏落脚。他在這裏買了幾十甲山地，種了生薑，橘子，託我就便照顧照顧。

上山以前，我心裏非常痛苦矛盾。看到桂仙的結婚啓事我幾乎暈倒。我全心全意愛她，我知道她也愛我，不幸卻是這麽一個結局！

人有時不能太眞誠，假如我不告訴她父親我在大陸結過婚，和我的眞實年齡，也許他不會那麽堅決反對？但是爲了太愛桂仙，我又不忍心欺騙他，我是一個不會說謊的笨人。

上山以後，我心如死灰。一年沒有看報，一年沒有和外面通信。閒來教教樵家幾個孩子讀書識字，以遣餘生。

國校請不到教員，黃校長竟找上了我，爲了下一代的山胞，我也只好濫竽充數。

今天有一件可笑而又可悲的事！黃校長替我介紹一個山地之花林鶯。無奈我心已死，婉謝了他的好意。「曾經滄海難爲水」，其斯之謂歟？

三年了！桂仙仍然不時在我腦海浮現！

今天廖老師突然帶着桂仙上山來玩，大出我的意外！眞是「寃家路窄，」如果不是碍着老吳和廖老師老師的面，她也許會和我抱頭痛哭？

昨夜哭過通宵，今天頭暈腦脹。老天何以如此不仁？又來戲弄我一番！

八

他的日記寫得凌亂潦草，淚痕斑斑，最初還有日期，以後連日期也沒有。我隨手翻翻，跳着看了上面幾段，我已經大致瞭解，把日記交還他，關心地問：

「你準備終老此山？沒有別的打算？」

「除了埋骨靑山，我還有什麼好的打算？」他向我苦笑。

「你還是壯年，何必想得這麼絕？」

「我的心已經死掉，何必再去十丈紅塵惹些煩惱？」

「那你就在山上成個家不也很好？」

「我不會再愛上別的女人，我又何必欺騙純潔的山地姑娘？」

「有人結婚並不是爲了愛。」我想到有些人結婚是爲了傳宗接代，有些人是爲了金錢地位，甚至有些人是爲了生活，完全不是爲了愛，他爲什麼不可以將就一下？

「沒有愛的婚姻生活我已經嘗過了，那沒有一點人味，我不需要。」他用力搖頭。

在這一方面我不必再費唇舌。昨天他和姜桂仙並沒有講幾句話，我想他也許還有很多話要講？我可能幫他一點忙，因此我問他：

「你有什麼話需要我轉告姜桂仙嗎？」

「謝謝你，生米煮成了熟飯，現在還有什麼好講的？」他向我悽然一笑。

我只好告辭，我知道對於一個過度傷心的人不是任何空洞的語言所能安慰的。

他送了我一陣，才和我告別，他特別叮囑我不要告訴任何人說他在這裡，他已經斷絕一切關係，他要繼續隱姓埋名。

在山上住了四天，我也不想再住下去，楊楚和姜桂仙的事一直使我心裡不安。姜桂仙和我一道出來，卻單獨走了，我心裡實在過意不去，何況她走得那麼傷心？

本來我是買到高雄的車票，車到楓港時我突然靈機一動，轉車到四重溪，如果姜桂仙還在四重溪，我還可以陪她一道回臺北。

到四重溪時天色已經不早，我先到各旅館查看旅客登記簿，終於在太原旅社發現了她的名字。我問服務生她走沒有走？服務生說沒有走，並且把我帶到她的房間。

阿珠看見我高興得跳了起來，我輕輕地問她：

「太太呢？」

「出去了。」她皺皺眉。

「到什麼地方去了妳知不知道？」

「她沒有講。」阿珠艾怨地說。

「妳帶我去找找她好不好？」

「太太吩咐我不許找她，到時候她自然會回來。」

我把皮包放在她們房裡，要她替我訂個房間，我準備自己去找，反正四重溪不大。

阿珠知道我的意思拉住我問：

「吳先生，太太離臺北時高高興興，怎麼那天你們一道上山之後她就變了卦？天天愁眉不展，像掉了魂似的，是不是遇了邪？」

「阿珠，妳不要自作聰明，瞎猜！太太好好的，怎麼會遇邪？」我說。

「吳先生，不是我瞎猜，這幾天太太天天都哭了。」

「妳看見她哭？」

「她自然沒有當着我的面哭，但她從外面回來眼睛總是紅紅的。」

「外面有海風妳知不知道？海邊上的人眼睛多半是紅的。」

「吳先生，你不要騙我？」阿珠哈哈地笑了起來：「怎麼你的眼睛不紅？」

阿珠這丫頭眞厲害，我也和她胡扯，不過仍然一本正經地說：

「說不定妳太太有痧眼？有痧眼的人見風流淚。」

她將信將疑地望着我，我連忙擺脫她走出旅社。

我沿着溪向上游走，溪裏沒有水，盡是些大鵝卵石。我走過小鎮的盡頭，發現她一人雙手抱膝，兩眼望天地坐在溪邊的大石上，如呆如痴。

我不忍心過去打擾她，我停了下來。她用手絹擦擦眼淚，又把頭埋在膝上哭泣。

我悄悄地退回。

我原先以爲她喜愛遊山玩水，才邀她出來，想不到這次旅行，不但沒有使她愉快，反而使她如此傷心，我心裏眞有說不出的歉意。

幸好劉伯璋沒有一道出來，不然那眞尷尬。

白衣清淚

一

當我從一場戰爭的噩夢中驚醒之後，我瞪大眼睛看看四週，仍然是白的墻壁，白的被單，給予我一種從未有過的單純感覺。周圍也是寂靜的，沒有鳥叫、沒有車聲、沒有人的脚步；更沒有我剛才在夢中所見的一堆堆的屍體，一灘灘的鮮血，以及戰馬尖銳的嘶叫，人的慘厲呼號和砲彈的嘯聲。我的腦袋也沒有被砲彈破片轟掉，我下意識地摸摸它，它仍然安全地連接在我的脖子上，我看不見任何戰爭的慘象。除了我自己的呼吸之外，我也聲不見任何聲音，周圍是死樣的和平、寂靜。

突然，我發現床頭邊那個放藥瓶茶杯的小茶几上多了一個花瓶，花瓶裡正揷着聖誕紅和夾竹桃花，這顯然不是從花房裡買來的，而是不久以前剛從樹枝上剪下來的，因爲那上面的露珠還沒有乾哩。

我伸手把花瓶拿過來，把夾竹桃花湊近鼻尖聞聞，雖然不香，却有一股清新之氣，這也許就是所謂青春的氣息吧？嗅了一會兒，我把花瓶放回原處，我側着頭靜靜地欣賞，聖誕紅紅得非常莊嚴、聖潔，夾竹桃紅得非常嬌艷，這兩種花我都非常喜愛。但是送花的人是誰呢？是那位看護我的張小姐嗎？也許是吧？看樣子她倒是一個可人兒哩！大大的眼睛、眸子黑而亮、長長的睫毛，一閃一閃地非常逗人喜愛，笑起來稍微露出一排整齊雪白的牙齒，那樣子是有點令人神魂顛倒的。假如是她送給我的，那我該怎樣道謝呢？她是一個很不容易應付的女孩子，說得太認真她會嫌你酸氣，說隨便她又會怪你不通人情，這幾年來我已經失掉了過去討好女孩子的那份機智了。何況我已經丟掉半邊臉和半截耳朵，半邊牙床露在外面，形像眞是奇醜無比！一想到這裡，我就冷了半截。

「不會是她送的。」我心裡這樣想。我來醫院不止一天，她看護我也不止一天，爲什麼她早不送我呢？她是最清楚我這副醜相的，難道她會忽然對我表示某種好感嗎？

「不會的，絕對不會。」我心裡又這樣想。我還沒有喪失理智，我懂得少女的心理，一個未婚的純潔少女，如果以具有財富、學識、英俊三者之一的男人讓她選擇的話，她是寧可選擇後者的。當年蘇珊之選擇我就是一個很好的證明。現在我已經喪失一切女性喜愛的條件了，何況正是綺年玉貌的她呢？雖然在戰爭中我不失軍人的本色，難道她會喜愛我這個殘缺了半邊臉半截耳朵的英雄嗎？我想世界上決不會有這樣奇怪的女人，不然那些殘廢的退伍軍人就不會淒涼地度過他的餘生了。

既然不是她，還會有別人嗎？我這是第一次到臺灣來，沒有出過醫院的大門，也沒有和此地的任何人通過信，臺灣對於我是一個完全陌生的地方，無故、無親。

「也許是卜夫吧？」」，我心裡又這樣想。是的，卜大夫是個好外科醫生，在醫院裡除了看護我的張小姐之外就算他和我最接近了。這些天來，他細心地醫好了我的創傷，我是非常感激的。但他是一個男人，男人對於這些小事多半是粗心的，尤其外科醫生，他只負責替人醫治生理上的創傷，有時爲了某種理由，他還不惜在病人身上割掉一隻手一隻脚的，至於挖掉幾塊肉那更是毫不在乎的小事，他那會想到給病人送上鮮花呢？卜大夫雖然是個好人，但我敢於斷定這瓶花不會是他送的。那麼還有誰呢？我一時實在想不起第三個人來了。

二

上午八點鐘，張小姐按照慣例走進我的小病房，給我量體溫。量完體溫之後，我指着花瓶笑着問她：

「張小姐，請問這花是誰送來的？」

「你猜猜看？」她黑而亮的眸子挑逗地望着我笑，長長的睫毛幾乎一秒鐘就要閃動幾次。

「是卜大夫？」我下意識地用左手蒙住左臉望着她笑，我生怕她看見我笑時更形露出的牙床。

「不是。」她像搖博浪鼓兒似的搖着她的頭。

「那麼是……?」我驚喜地望着她，不敢說出妳字。

「你猜是誰?」她向我嫵媚地一笑。

「妳……」我鼓足勇氣說出這個字。

「對。」她又向我一笑。

「啊!」我顯得有點驚喜過度，連忙說：「謝謝妳。」

「不要謝我。」她輕輕地搖頭。

「謝誰?」我茫然不解，我覺得非常奇怪。

「謝卜太太。」她淸脆地說。

「謝卜太太?」我睜大眼睛張着嘴望着她，她這句話更使我墜人五里霧中了。

「嗯。」她向我點點頭。

「是卜大夫的太太嗎?」我惶惑地問。

「對!」她又點點頭。

「我並不認識她。」我搖搖。我很不瞭解，卜大夫不送花，怎麼他太太會送花呢?我和她並無一面之緣哪!

「她是我們的護士長。」她提示我。

「啊！」我茫然地啊了一聲，我不知道這是一種什麽情感的反應？我只覺得護士長並沒有和我接觸過，倒是張小姐和我時常接近，她既不送花，護士長爲什麽送花呢？這就很難理解了。

「王連長，」她忽然提醒我，望着我說：「我想請問你一句話。」

「有什麽事嗎？」我看她的態度很鄭重，有點詫異，我稍微坐起一點，靜靜地注視她。

「也沒有什麽大不了的事。」她平淡地笑着。

「那麽請說吧。」我的心情鎭定多了，態度也較爲自然。

「請問府上什麽地方？」她向我微笑，眼睛發亮，睫毛閃動，那樣子確是很甜美的。

「妳問這話有什麽意思？」我淡淡地一笑。我是來住醫院不是來加入什麽同鄉會的，她一個護士小姐何必問我這些呢？

「沒有什麽意思，」她也淡淡地一笑：「不過隨便問問。」

「湖南。」我也隨便答了一句。

「這我知道，」她指着診斷紀錄簿笑着對我說，隨後又補充一句：「聽口音也聽得出來。」

「那妳又何必多此一問呢？」我不禁失笑。但我怕我的嘴巴張得太大，露出太多的牙床，我又連忙閉緊嘴巴，同時用手蒙緊它。

「湖南地方很大，」她爽然若失地說，隨後又裝出一個微笑：「大圈圈裡有小圈圈，你沒有告訴我你是那一府那一縣。」

「因爲妳是護士小姐，不是戶籍人員。」我向她微笑。

「假如我答串一下呢？」她向我俏皮地一笑，眼睛裡充滿了機智和風趣。

「假如妳到過湖南的話，我想妳用不着我再說了。」我想試試她的閱歷。

「你要我猜？」她把頭向左邊一歪，顯出少女的淘氣和天眞來。

「雨天打孩子，閒着也是閒着，你不妨動動腦筋。」我點點頭。

「衡陽？」她兩片薄薄的嘴唇輕輕一啓，兩邊嘴角同時掛上了笑意。

「不對。」我搖搖頭。

「湘潭？」她馬上接着說。

「不對。」我又搖頭。

「那不用說是長沙了！」她忽然驚喜地大聲說。

「嗯。」我向她點點頭：「滿意了嗎？小姐！」

「謝謝你。」她十分高興地笑着轉身走了。

在她正要踏出房門時我大聲地叫住了她。她聽到我的聲音有點異常，不禁出一怔，慢慢地走近我的床前，十分客氣地問：

「王連長，有什麼事嗎？」

「張小姐，妳剛才爲什麼要查問我的籍貫？」我把身子完全坐起來，我覺得她問得有點蹊蹺。

「我說了不過隨便問問。」她嫣然一笑。

「張小姐，我希望妳講實話！」我臉色一沉。我的部下只要看見我這種陰沉的臉色，那怕我要叫他們跳火坑他們也決不敢遲疑一下的。

「王，王連長，你怎麼忽然生氣了？」她好像受了驚嚇，顯出幾分膽怯的樣子。也許是我這副怪相嚇着了她。

「啊，對不起，張小姐！」看見她那楚楚可憐的樣子，我有點不忍，故意把音調放得特別緩和：「恕我剛才冒犯。」

她的神情也跟着緩和起來，但說話的聲音還有點兒顫抖：

「王連長，我老實告訴你沒有什麼意思，不過護士長說她有個親戚和你同名同姓，你的籍貫又是湖南，她看了診斷紀錄表就有幾分相信你就是她那位親戚，但是她不知道你是那一府那一縣？因爲你沒有在紀錄表上塡明，所以她還不敢確定。」

「因此她拜託妳問我？」我靜靜地注視她。

「嗯。」她點點頭，又接着說：「昨天深夜她還親自來看過你。」

「吁？」我心裡十分驚奇，不自覺地把左手放了下來，左邊的牙床嵬然地露出來了。

「但是她不認識你。」她遺憾地說。

「啊，」我輕輕地啊了一聲，神經鬆弛了下來，然後無所謂地說：「那我準不是她的親戚了。」

「不！」她用力地搖了一下頭：「她說她還不死心，她特別拜託我來向你探問。」

「這真好笑，天下同名同姓的人多得很。」我不自覺地笑了。

「不！一點不好笑。」她十分莊重地說：「她說你的名字特別，她永遠記在心裡。」

「既然是親戚，那她怎麼不認識我呢？」我直率地說。

「不，不能怪她不認識你。」她連忙搖手，期期艾艾地說：「你不知道你的改變有多大？」

她這句話使我忽然明白過來。我的眼淚隨即如泉水般地湧出，我以前的確不是這個樣子的。

「對！我以前不是這個樣子！我以前不是這個樣子！」我用力搥着床舖。

她看見我十分痛苦，顯得有點不安，我怕她看出我心理上的弱點，我連忙擦乾眼淚。

「王連長，不要難過，我猜得出你以前是很漂亮英俊的。」她溫柔地安慰我。

「張小姐，好漢不提當年勇，過去的事別談！」我悽然地搖搖頭。想起過去我就有無限的感傷，看見她更會使我想起蘇珊，不過蘇珊比她更美麗溫柔。

「好。」她點點頭，扶着我睡下去，又隨手替我蓋好被子。

她走到房門口我又把她叫轉來，我重新坐起，指着床邊的花瓶問她：

「張小姐，這瓶花眞是卜太太送我的？」

「是的，是她託我送來的。」她鄭重地回答。

「請妳代我謝謝她。」

「好，」她迅速地點了一下頭，然後又像忽然想起了一件什麼事似的自怨自艾地說：「啊！我眞該死！我還忘記了一句話。」

「什麼話？」我馬上接着問。

「她要我問你，你胸上是否有顆朱砂痣？」她兩眼直瞪瞪地看着我。

「這我倒不記得，」我笑着回答。的確，在長久的戰爭歲月中，我很少注意自己的身邊瑣事，只好把衣襟解開給她看：「請妳看看有沒有痣？」

「有，的確有一顆紅紅的朱砂痣。」她高興地拍着手說：「那你準是她的親戚了！」

我有點高興，也有點好笑，我隨口問她：

「她叫什麼名字？」

「蘇珊！」她十分清脆地回答。

我覺得我的頭像忽然受到比砲彈破片更重的轟擊，馬上暈了過去。

三

午夜，我從過度的悲哀中哭醒過來時，我發現一個女人跪在我的床邊，她的頭埋在我的胸前，纖細如絲的黑髮披在白色的被子上面，她穿着白色的護士服裝，看背影有點像張小姐，但張小姐怎麼會深更半夜獨自留在我的房間呢？過去她總是在十一點鐘左右來替我量體溫，量過之後就走了，今天怎麼這麼晏還留在我的房間？而且伏在我的胸前呢？該不是蘇珊吧？但她是卜太太，怎麼會三更半夜離開自已丈夫的懷抱跑到我的病房裡來？雖然我也曾經是她的丈夫，但那是八年前的事了。

一想起卜大夫我心裡自然有點感激，因為他醫好我的創傷。可是一想到他是蘇珊的現任丈夫我心裡又非常難過！蘇珊曾經是我的愛人，也是我的妻子，她愛我，我更愛她，沒有第二個女人能够取得她在我心中所佔的位置，一想到她睡在卜大夫的懷抱裡的情景，我的血管幾乎爆裂！我妬忌卜大夫，我也恨她的變節，我們分離的前夕她不是睡在我的懷抱裡整夜哭泣嗎？她不是說永遠愛我永遠不變心嗎？現在不過八年她就睡到卜大夫的懷抱裡去了！女人啊！妳們的話盡都是謊言嗎？我悲憤！我哀傷！但我咬緊牙關不使自己哭出聲來。假如卜大夫是用卑鄙的手段佔有她，我一定要他死在我的槍彈之下，鐵拳之下，假如她是一個朝秦暮楚的蕩婦，我也要結實地敎訓她一頓！我最恨背叛的人，我曾經親手槍斃過在前線背叛的士兵。假如我發現她淫邪背叛，也許我又要流血！

我的思想澄清之後，心情反而格外平靜。我慢慢地坐起來，我不管跪在我的床邊靠在我的身上的女人是誰？我決定揭開謎底。

「請問你是誰？」我用手輕輕地拍拍她的肩膊。

當我的手一接觸到她的身體時，我彷彿觸了電似的，感到一陣輕微的顫慄，我馬上把手縮了回。這種感覺是和蘇珊第一次接觸時有過的，可是離開蘇珊之後一直沒有這種感覺，現在它又忽然經驗來使我重新到了。

第一次拍她，她沒有反應，也許是睡熟了，也許是我拍得太輕了？我很想接着再拍幾下，但我一時鼓不起勇氣。於是我咳嗽兩聲，咳過之後又接着問：

「請問妳是誰？」

「你不必再問。」她哀傷地說。

這聲音好像我曾經聽過，是那麼輕柔，是那麼富有磁性，我的心馬上感到一陣顫慄。

「難道妳是蘇珊？」我的聲音有點顫抖。

「你沒有猜錯。」她的聲音也不自然。

「妳來了多久？」

「大約一個多鐘頭。」

「瓜田李下，妳不應該來的！」我的聲音嚴厲而妬忌。

「一夜夫妻百夜恩，你拒絕我來探望嗎？」她十分哀傷地說，仍然沒有抬起頭來。

「穿破才是衣，到老才是妻，半路裡下堂，算什麼夫妻？」我硬着心腸說，然後用力咬住嘴唇。

「斌，別鬭氣，屋漏偏遭連夜雨，破船又遇打頭風，這眞是一件傷心的事情！」她已經泣不成聲。

聽到她的悲泣，我彷彿得到一種報復的快樂。我冷酷地說：

「小孩兒穿新衣，老鼠掉進糖罐裡，妳嘴裡哭，心裡笑，戲台上揪鼻涕，妳做給誰看？」

「斌，你毛栗球兒多刺，別太使我傷心。」她幾乎是祈求地說，她終於忍不住哭了出來。

「傷心的不是妳。」我冷峻地回答。馬上用最大的力量咬痛自己的嘴唇，這纔不致哭出聲來。

「斌，假如你能原諒我………？」

「怎樣？」我聲色俱厲地問她。

「我願意回到你的身邊來。」她輕輕地說，同時握住了我的手。

我一陣冷笑，把她的手推開：

「廢話！完全是廢話！」

「斌，不是廢話，我有這種決心。」她又把手摸過來，但我早已把我的手移開。

我從鼻子裡哼了兩聲。

「斌，我知道你的誤會很深。」她失望地說。

「妳怎麼不說妳楊花水性？」我憤怒地望着她，我眞想一拳打過去。

「你不瞭解實際的情形。」她用力搖頭。

「難道妳得到了我的死訊？」我眼睛裡幾乎冒出火來。

「斌，八年不見面，不通信，我也守得夠久了。」她哭了起來。

「妳是甚麼時候改嫁的？」我嚴厲地問。

「今年春天。」她輕輕地回答。

「老鴉飛上梧桐樹，妳選擇得很好！」我冷笑一聲：「我還記得今年春天是我們結婚八週年！」

「斌，不要再傷我，我求求你……」她含着淚抬起頭來，我連忙用手蒙住左臉，但她用手輕輕地把我的手移開：「假如你能原諒我，我願意回到你身邊來。」

「還是穿衣脫鞋，那麼簡單？」我望着她冷笑。我發現她的兩眼仍然像湖水一樣澄清，裡面卻閃着堅決智慧的光輝；臉蛋雖然沒有以前豐腴，卻有一種沉靜幽嫻的美；鼻子仍然是那麼直挺高貴；只有那兩片半月形的嘴唇顯得異得蒼白。

「卜大夫是個好人。」她自信地說。

我也知道卜大夫是個好人，但這件事對於任何好人都不是一件好事！它曾經使我暈了過去，又使我從夢中哭醒過來，這種痛苦我受不了，卜大夫能夠受得了嗎？一想到我自己所受的痛苦，對於卜大夫這位新丈夫又會怎樣呢？我痛苦、我遲疑，我碰到了我一生最難解決的問題。

「斌，你能原諒我嗎？」她痛苦地懇切地望着我。

我不知道怎樣說好？愛與恨只是一線之隔，我明明知道她已經改嫁卜大夫，我怎麼能不恨她？但時局的變遷是那麼迅速，八年來我由東北轉戰到上海，又由上海撤退到舟山，由舟山撤退到太陳，由大陳撤退到馬祖，八年不通音訊，雙方生死存亡莫卜，我能怪她恨她嗎？假如我這次不是負傷空運來臺醫治，我又怎麼會知道她在臺灣，我們又怎麼能見面？

「請妳不要再問我這個問題。」我閉着眼睛說。我心裡很亂，我不敢看她，但願這是一個噩夢，很快就會過去。

「那我告訴你一個好消息。」聽了她的話我重新把眼睛睜開，我看見她凄楚地一笑：「我替你生了一個孩子！」

「孩子？」我睜大眼睛詫異地望着她。我們結婚只有一個月就分離，我是從來沒有想到她會生孩子的。

「嗯。」她笑着點點頭。

「男的？女的？」我隨便問問。

「男的。」她高興地說。

但我並不因爲這句話而高興，老實說我很懷疑這個孩子不是我的骨肉。她看出我的疑慮，於是從容地從手提包裡拿出一張生產證明書，笑着遞給我看。

這是南京鼓樓醫院的生產證明書，紙的顏色已經變黃了。孩子的母親是蘇珊，孩子的姓名是王小斌，性別欄裡寫明是男，出生日期是三十七年二月十五日。我們是三十六年四月四日兒童節結婚的，我是五月上旬離開她的，按照結婚日期推算，相差倒很有限，但我還不能肯定他是我的骨肉。

「斌，你怎麼這樣多疑？不信可以驗血。」她看出我仍然有點疑惑，馬上提出了這個建議。

「這是你們學醫的人的洋迷信。」我調侃地說。

「但是非常科學。」她冷靜地說。

「屋簷水點滴不差，我倒想先看看孩子再確定。」我非常相信自己的眼力。每次射擊我都打滿分。

「可以，什麼日期？」她望着我說。

「明天。」我急於想見見孩子。

「好的。」她笑着點點頭，羞怯地問我：「現在你原諒我？」

我不知道應該怎樣回答？我只覺得有一股熱血直往我頭頂上沖。她撲到我的身上吻我，但我警覺地把臉調開，我怕她看見我的缺臉，看見我露出的牙床。但她終於把我的臉攀了過來，雙手捧着我的頭，把她的突然變得紅潤的嘴唇蓋上我的。於是我忘記了一切，我瘋狂地用盡平生的力氣把她抱緊。

「天快亮了，妳應該回去。」很久之後，我這樣提醒她。

「沒有關係，今天是我的夜班。」她輕輕地說。

四

這夜眞的快到天亮她才離去，她走了之後我一直沒有睡着。片刻的繾綣補償了八年的相思，她對我的一切表現仍然和新婚時一樣溫存熱烈，我看不出有什麼差異，所不同的是在繾綣中有懊悔，她懊悔爲什麼不多等一年？她怨上天爲什麼這樣捉弄人？我對她的再婚自然不能深怪，由於她的眞情坦率使我更加愛她。她的髮香、她的細語、她的熱吻，仍然在我的嗅覺、聽覺、感覺之中。我覺得她仍然是我的妻子，她也仍然把我當作丈夫。

但是，經過深長的考慮之後，我覺得我們不能復合。我的這副醜相任何人看見了都會生厭的，剛才她對我的那種溫存熱烈可能是由於一時情感的衝動，也可能是在良心上對我的一種懺悔；日子久了，可能會對我生厭，現在的我畢竟不是過去的我，也許她愛的還是過去的我，過去的我可能擾亂了她現在的視覺，假如她一旦看清楚了現在的我，忘記了過去的我，那才眞是一個悲劇！再說，她和我結婚一個月，守了八年的活寡，假使她再回到我的身邊來可能很快地就要作一個眞正的未亡人，守一輩子的寡，因爲我的部隊扼守的那個接近大陸邊緣的小島，一發生戰鬪我們是不成功便成仁的，這其間沒有第三條路可走，而現在的情勢正異常緊張，戰火一觸即發！她已經爲我受夠了人生的痛苦，我還忍心讓她重蹈覆轍？何況卜大夫確是一個好人，醫生的生活又極安定，他才能給她幸福。爲了國家，我犧牲了個人的幸福，我沒有理由也要她跟着我犧牲一生的幸福，這是一件非常殘酷的事！活着比死更痛苦！我不怕死，我隨時都準備死，這次我雖然僥倖沒有戰死，但卻給我帶來比死更大的痛苦！今後我只求速死，我要更勇敢地戰鬥，我希望早點結束這場戰爭，爲了蘇珊的幸福，和所有同胞的幸福。

這樣決定之後，我的心情又顯得格外平靜，我再也不怕蘇珊問我那個問題了，在心理上我已經有了充份的準備。

七點鐘左右，蘇珊就帶着孩子來了，手裡還捧着新鮮的聖誕紅和夾竹桃花。看見她和孩子進來，我連忙坐起來，她高興地指着我對孩子說：

「小斌，叫爸爸，叫爸爸。」

孩子睜大眼睛望着我半天不作聲，忽然驚嚇地倒進媽媽的懷裡，哇的一聲哭了出來。

「小斌，別怕，這不是別人，這是你爸爸。」她拍着哄着孩子說。

孩子雖然沒有再哭，但他也不敢再看我一眼，他總是把眼睛望着別的地方。

蘇珊看見孩子不哭，她把昨天的聖誕紅和夾竹桃花取了出來，再把新鮮的插了進去。插完花她指着孩子笑着問我：

「怎樣，一個窰裡該沒有兩樣的貨，茄子該沒有開黃花吧？」

我的眼淚迅速地滾了出來，我點點頭，緊緊地握着她的手，我覺得我們眞是骨肉相連，不可分開。

「斌，你現在能不能答覆我那個問題？」她輕輕地問我。

「珊，原諒我。」我望着她痛苦地說。

「那你允許我回到你的身邊來了？」她用力握着我的手，笑得像八年前我們新婚時一樣快樂天眞。

「不！」我咬緊牙關堅決地說。

「爲什麼？」她的臉色突然變成死灰，幾乎要哭了。

「爲了愛妳。」我用力握緊她的手。

「斌，冰山也會融化，你對我的誤會太深！」她撲在我身上哭了起來。

「珊，現在是妳誤會我了。」我含着淚輕輕地撫摸着她的秀髮：「說眞的，我確是爲了愛妳，也爲了愛孩子。」

接着我把我的意思完全告訴了她。

「斌，你的犧牲太大！」她慢慢地抬起頭來，看見我的臉她又哭了起來。

「珊，不必爲我難過，還有比我犧牲更大的！」我忍不住眼淚，我想到許多死難的同志同胞，想到大陸上新婚姻法下犧牲的那些男女。

「我眞想不通，上帝爲什麼要這樣捉弄我們？」她痛苦地扭着手，望着天說。

「不怪上帝，只怪那些狂人！」

「斌，你眞的不顧自已的幸福，不願意再考慮一下？」她的手在我手上輕輕地撫摸，她的眼淚快要滴落。

「我已經考慮够了，只希望妳好好地照顧我們的孩子。」說到這裡我已經淚眼糢糊，雖然這孩子望都不敢望我一眼，但他畢竟是我的骨肉，他那長方臉、高眉骨、方嘴巴、通天鼻子、深得像兩口潭樣的眼睛，簡直是我的化身。我慶幸我還有這麼一條根。

「孩子你不必擔心，我會小心照顧。」她飲泣着，她的眼睛由於失眠流淚，已經紅腫得像兩隻胡桃了。

「好吧，妳帶孩子走吧，萬一卜大夫碰見了彼此都不好下台。」我忍着眼淚催促她早點離開，再留在這兒沒有什益處。

她沒有辦法，在我額上輕輕地一吻，然後含着淚牽着孩子走了。

「斌，你眞的不能再考慮一下？」她走到門口又回過頭來望着我。眼淚像兩條閃光的銀蛇，沿着她蒼白的兩頰滑落下來。……

五

我悄悄地提前出院了。

現在我已經回到大陸邊緣的這個小島上來。醫院醫好了我臉上的創傷，却給我心靈上一個更大的創傷，我時刻聽到我的心的碎裂的聲音，滴血的聲音。

我望着那近在三四千公尺的大陸，渴望一次天翻地覆的戰鬥！陳老總說一了百了！

護士與病人

一

馬溫如從高燒中逐漸淸醒過來，彷彿看見一位護士小姐坐在床沿向他微笑？他以爲是自己的眼睛發花，視覺錯亂，又用力睜了一下眼睛，向前定睛直視，不錯，是一位護士小姐，而且是一位胖胖的，溫柔而嫵媚的護士小姐。

他想說句什麼話還沒說出口，護士小姐就向他一笑：

「馬先生，現在好過一點嗎？」

他無力地點點頭。

她笑着伸過手去拿開他額上的濕毛巾，這塊毛巾像在溫水裡泡過了一樣，很熱。接着她又把一塊冰冷的毛巾覆在他的額上。

冰冷的毛巾覆在額上使他的頭腦又淸醒一點，他勉強說了一句謝謝。

她十分安慰地一笑，望了他一會說：

「馬先生，恭喜你，現在已經脫離危險了。」

他的嘴角勉強扯動了一下，在這以前他是昏昏沉沉，什麼也不知道，甚至是怎樣到這裡來的他也不大清楚。

「你好好地睡一下，我出去一會再來。」她像個慈母樣地俯下頭來對他說。

她輕輕地走了出去，他聽見她的高跟鞋在走廊上清脆而有韻律的聲音。

他無意中抬了一下左手，發現腕錶剛好兩點半，周圍闃無一人，他才意識到這不是白天，已經夜靜更深了。

他慢慢地整理自己的思緒，回想自己怎麼會到這裡來？他最不願意住醫院，也不願意吃藥打針，現在居然住在這裡，聽護士小姐的口氣，彷彿自己剛從死神的手裡掙扎過來的。

他想起前天下午的那場暴雨。

前天早晨報上刊載氣象所的「天氣預測」說：臺灣由於受到一股強大的熱流影響，今天的天氣比昨天更熱，昨天華氏九十七度，今天將到九十八度，而且是個好晴天。

想不到下午五點多鐘氣候突變，天空黑雲密佈，那一堆堆的黑雲，像一群群兇猛醜惡的野獸，在天空跳躍，奔騰，你擠我，我擠你，終於擠出傾盆大雨來。

原先他以爲這種大雨不會下得很久，想不到一連下了四五個鐘頭，而且氣候變得像深秋，他身上一件薄如蟬翼的尼龍香港衫，抵不住那股涼意，他趕回他的「家」時又淋了一陣雨，晚上睡覺之後一直燒到天亮，以後就不省人事了。

他不知道是房東還是朋友把他送到醫院來的？想到這裡他不免有點悽涼的感覺，對於送他來醫院的人他不能不感激了。

想着，想着，他又迷迷糊糊地睡着了。

當他再度醒來時，他覺得精神好得多，他一眼就看見護士小姐坐在他床頭邊看書，護士小姐看他醒來，連忙把書放下，笑着問他：

「現在感覺怎樣？」

「好多了。」他笑着點點頭。

她把額上的手巾取下來，以自已的手按他的額上，過了一會高興地說：

「燒退了很多，我再替你量量體溫看。」

說着便從小盒子裡取出溫度計，揷在他的嘴裡。

她一面看看手錶，一面用食中二指按着他的脈膊。

當初她用掌心按着他的額角時，他就覺得她的手掌非常柔軟，現在她又用兩個指頭按着他的脈膊，他也有同樣的感覺，她的手指不是那種纖長型的，而是長短適中，不露指節，潔白而豐腴的那一種。

過了大約兩分鐘，她放下他的手，從他嘴裡取出溫度計，放在眼前瞇着眼睛看了一會，高興地向他一笑：

「現在只有三十八度，快退清了。」

隨即把溫計摔了幾下，小心地放進小盒子裡。

他看看自己的手錶，正四點三刻，他知道還沒有天亮，他對於她的辛勤看護，通宵未睡，心裡非常感激，他過去對於護士小姐的惡劣印象被她輕輕地掃除了。

「眞對不起，勞你辛苦了一夜。」他抱歉地說。

「沒有什麼，這我的責任。」她淡淡地一笑。

「眞抱歉，我還不知道妳貴姓？」

「我姓林，雙木林。」

「林小姐，我想請問妳，我是什麼時候進醫院的？」他問。

「昨天下午兩點。」

「誰送我來的？」

「哦，」「我忘記告訴你，是你的朋友王先生。」

他馬上想到王奮，他的朋友當中只有王奮和他有過患難交情，而且是同病相憐的單身。因此他說：

「是不是王奮？」

「對！」她點點頭：「他昨天晚上十點多鐘才走，天亮之後他會再來。」

他對王奮非常感激，他知道王奮送他住院一定費了一番張羅，墊了不少錢，他禁不住眼圈微微一紅。

這種情形她完全看在眼裡，不禁同情地問：

「馬先生，除了王先生之外，你有沒有別的親人？」

「我是孤家寡人。」他慘淡地一笑。

她看了他一眼又說：

「幸好你有這麼一位好朋友，昨天你進院時燒到四十二度，而且燒了很久。」

他知道她話裡的意思，不禁感慨地說。

「其實死了也好。」

「馬先生，你怎麼說這樣的話？」她向他一笑。

「你以爲是屋簷上的烏鴉叫？」他勉強裝出一個笑臉。

「我覺得這種話不應該是你說的？」

「林小姐，三月的韮菜黄，你還年輕得很。」

她仔細地望着他，覺得他還不上四十歲，說話怎麼這樣老氣橫秋？心裡不禁好笑，微微掀動一下嘴唇：

「馬先生，你也不老呀？」

她這句話把他心頭的雲霧撥開不少，臉上露出一絲欣慰的笑，她看見他臉上的笑容，自己更像百合花般地笑了。她認爲一個護士不僅要減輕病人生理上的痛苦，也要減輕病人心理上的痛苦，這樣他的疾病才會迅速全癒。

隨後她又換了一塊濕毛巾，問他要不要？他說不必，她便拿起那本書來，笑着對他說：

「我看書陪你。」

「林小姐，我用不着妳陪，妳可以睡了。」

「我六點換班，」她看看錶說：「等會再睡。」

他不再作聲，閉着眼睛養神。她看書看得津津有味，他偶一睜開眼睛，瞥見她那本書的封面上有「風塵俠侶」四個字，和一男一女挺着長劍和一群濃盾懸眼的人厮殺的畫像，他心裡有一種奇怪的感覺。

天剛亮，她便警覺地看看手錶。他也跟着抬起手來看看，他的錶六點差四分。

她看他看錶，馬上把自己的手移過來對對他的錶說：

「你的多小時間？」

「快六點了。」

「我該下班了，劉小姐馬上會來，你的病歷我會告訴她的。」

「謝謝妳。」

「別謝，我晚上再來照顧你！」她輕盈地一笑，笑得很甜。

她像一隻美麗的白鴿一樣地飛了出去。

她走後他感一陣莫名的悵惘和空虛。

二

接替林小姐的劉小姐看來是一位老處女，大約有三十多歲，臉上沒有一點笑容，一臉的橫肉，缺少女性應有的溫柔，和林小姐比起來，一切剛好相反。

她七點多鐘才來看馬溫如一下，像長官對待部屬的樣子，量了一下體溫，問了兩句話就咚咚地走了，彷彿跟馬溫如生氣似的。

馬溫如被她這一搞，心情惡劣透了。直到王奮來看他，心情才好轉起來。

王奮看他病勢好轉得快，非常高興，又爲自己來遲了表示歉意，馬溫如也說了一些感激的話，王奮故意岔開：

「林小姐是不是整夜照顧你？」

他把經過的情形告訴王奮，並且讚賞地說：

「林小姐很盡職。」

「因爲我不能通宵陪你，所以我特別拜託她，我看她是這裡最好的一位護士小姐。」

「你還沒有碰到最壞的護士小姐。」

「你是不是說那個姓劉的？」

馬溫如笑着點點頭。

「一個古怪的老處女。」王奮一笑：「幸好不是她的夜班，不然昨夜我眞不敢走。」

接着王奮把怎樣發現他生病以及怎樣送他進醫院的情形都告訴他，要他不要着急。

「我想明天出院。」馬溫如知道住院費很貴，負擔不起，所以這樣說。

「別開玩笑!」王奮責備他說：「你是傷寒，不比別的病，萬一反了可沒有救!」

「我這個月的房租還沒有付，這樣住一天得好幾百，那怎麼得?」

「你好好地養病，不要着急，我自然會替你張羅。」王奮安慰他說。「不得醫生的准許，絕對不能出院。」

王奮的話的確使他安心不少，他對於這位患難之交，已經無法用言語來表達他的感激。

王奮因爲要趕着上班，坐了一會，和劉小姐打了一個交道就走了。

王奮走後，馬溜如又睡着了，他的精神還不大好，很容易疲倦。

劉小姐除了按時替他打針，照顧他吃藥之外，就不進他的病房來。他也不希望她進來，她打針也特別痛。他甚至看她進來了就故意裝睡。

他白天什麼都沒有吃，只喝了兩次白開水，其餘的時間都閉着眼睛睡覺。

林小姐晚上十點上班，一上班就先到他房裡來，關心地問：

「馬先生，你現在覺得怎樣?」

「精神好些。」他說。

「劉小姐是不是常常來?」她俯下頭來問。

他搖頭苦笑。

「我拜託她多來幾次的。」

「她要是眞的多來幾次，我的病也許好不了？」

「你這句話倒很幽默。幽默的人不容易生病，病人尤其需要幽默。」

他驚奇地望着她，微微一笑說：

「妳倒很像個心理學家。」

「我只是一個看護。」她嫵媚地一笑：「也許我是胡扯？」

她從白制服的口袋裡掏出一本書遞給他說：

「你要是精神好的話，不妨看看小說，消愁解悶。我到別的病房去一下再來。」

他還沒有來得及回話，她便轉身走了出去。

他拿起那本書一看，是「南海奇俠」，他不禁苦笑。

他的精神不好，沒有拿「南海奇俠」來消愁解悶，只是閉着眼睛養神。

當她從別的病房巡視一周再回到他的病房時，便忙着替他打針，她的手法很輕，他一點也不覺得痛，她打過之後一面用棉花替他輕輕地揉，一面笑着問：

「痛不痛？」

「不痛。」他搖搖頭。

隨後她又服待他吃藥，非常細心周到。

她又坐在他床頭邊的椅子上，隨手從他枕頭旁拿起那本「南海奇俠」笑着問他：

「你看過了沒有？」

他搖搖頭。

「你要是看了一頁就不忍釋手。」她笑瞇瞇地說，本來有點瞇的眼睛，笑起來顯得更媚。

「寫得那麼好？」他笑着問。

「嗯，」她笑着點點頭：「一開頭就很緊張，沒有一點冷場，看了一本還再想看一本，這是第八本，後面還有十幾本。」

「我看妳入了迷？」

「一點不錯，」她笑着承認：「起初我也是偶爾看看，但一看好上了癮，摔也摔不掉，現在真是一個小說迷了。」

「你笑什麼？要是你也看小說，你也會上癮，上夜班都不會打瞌睡！」

「小說的力量有這麼大？」

「哼！」她嘴角微微一掀：「眞比嗎啡的力量還大，要是醫生開點嗎啡要我替你打，你就有知道力量有多大？」

「妳看我需不需要嗎啡？」

「醫生沒有開，他們很少開嗎啡。但是我可以開給你這個藥方——」她笑着把「南海奇俠」一揚。

他有氣無力地一笑。

她看他有點疲倦，馬上抱歉地說：

「剛才我不該和你講這麼多話，你還是睡一會兒吧。」

「妳呢？」

「喏！」她把「南海奇俠」一揚：「我看這個——」

他眞的把眼睛一閉迷迷糊糊地睡了。

他一覺睡到天亮，她也一口氣把那本書看完。

三

第二天晚上她來到他的房間時他睡得正甜，她不打算叫醒他，她看過病歷，知道他的體溫已經恢復正常，而且開始進食牛奶果汁等流質的東西。

她把帶來的幾本書輕輕地放在他床頭邊的小圓桌上，這些書是三本武俠小說，兩本歷史小說，一本文藝小說。她早就看過了，是帶來給馬溫如消愁解悶的。

他把書整齊地放在小圓桌上，又把桌上凌亂的東西收拾清爽，然後望了他一眼，才悄悄地走出去。

她出去不久，他就醒了過來。他有點口渴，想在玻璃瓶裡倒杯水喝，却發現那堆書。他好奇地隨手拿來看看，眉頭微微一皺，隨即把它們放在桌上，最後拿到純文藝小說「白雲蒼狗」，他臉上馬上露出幾分喜悅，因爲這是他的一個倒楣的朋友寫的。

當她再度進來時，發現他已經醒了便笑容可掬地問：

「睡得好嗎？」

「謝謝，睡得很好，」他點點頭：「林小姐，你已經來過了？」

「來過了」，她點頭一笑：「我看你睡得很甜，所以不敢打擾。」
「這本書是妳帶來的嗎？」他舉起「白雲蒼狗」問。
「是，」她笑着回答：「另外還有五本，你沒有看見？」
「看見了，」他指指小圓桌上那五本書說：「在這邊。」
「你知道我爲什麼帶這麼多書來？」
「不知道。」
「帶給你看，」她瞇着眼睛一笑：「免得你一個人寂寞。」
他說了聲謝謝。她望他一眼，看他手裡拿着「白雲蒼狗」，其他的幾本書隨便擺在桌上，不免奇怪地問：
「你怎麼單拿這本書？」
「我喜歡。」他說。
「你眞怪！」她向他一笑，又指着小圓桌上那五本書說：「這五本書隨便那一本都比它好看，你爲什麼單單看中它？」

「俗語說蘿蔔靑菜，各人喜愛。」他笑着回答。

她嗤的一笑，隨後又輕快地說：

「我和你不同，我第一愛看武俠，第二愛看歷史小說，第三才是文藝小說。」

「爲什麼？」

「因爲看文藝小說費力巴沙，這本「白雲蒼狗」我看了兩天才看完，看完之後又想了半天才想出個道理來，不瞞你說——」

她突然停頓下來，抿着嘴一笑，他馬上催她：

「妳說說看？」

「起先我連書名都不懂，請敎了一位老先生才知道原來有個典故！你說這多麻煩？」

他聽了不禁失笑，隨後又問她：

「武俠呢？」

「嘿！」她瞇着眼睛一笑：「武俠好看，我一天可以看四五本，又刺激，又不用腦筋。說實話，那種文字我也可以寫得出來，就是想不出那些稀奇古怪的故事，我又沒有去過什麽峨嵋山啦，唐古拉山啦，武當山啦，少林寺啦……」

說着說着她用手掲着嘴笑了起來。

他看她那副純潔天眞的樣子也哈哈一笑。過後又問她：

「歷史小說專門寫妳們女人的事情，妳也歡喜看嗎？」

「你不知道，女人看女人的事才有意思。」她笑着回答。

「可是他們把妳們女人的底牌都掀出來了，妳還喜歡看？」

她雪白的臉微微一紅，過後又自解地說：

「人家是寫歷史嘛！總有憑有據。要是沒有那樣的事他們怎麽會寫出來？」

「妳最好自己多讀讀歷史，妳才會知道究竟是怎麽一回事？」

「嗨！」她的脚輕輕一頓：「我就是怕讀歷史，在中學時我的歷史總考不及格！」

他無可奈何地一笑。她又接着說：

「可是歷史小說不同，看起來很有味，不是一杯白開水，我相信我最少可以考八十分。」

「那妳要變成一個歷史學家了？」

「別駡人吧，我看歷史小說是爲了消遣，我才不想作什麽鬼的歷史學家哩！」

他不再作聲，她從他手上拿起那本「白雲蒼狗」看了兩眼，微笑地說：

「這本書倒是一本厚書，但我猜不透你爲什麼特別喜歡它？」

「原因很多，」他淡淡地一笑：「其中一個原因是，寫這本書的人是我的朋友。」

「眞有這回事？」她那經常眯着的兩眼突然睜大起來。

「我用不着騙妳。」

「你眞榮幸！」她羨慕地說。

「一點也不榮幸！」他搖搖頭。

「你眞怪！」她嘆口氣：「有一個作家朋友還不榮幸？」

「妳不知道他差點餓死。」

「鬼話！」她大聲地說：「我才不相信：作家會餓飯？」

「林小姐，妳有什麼根據？」他笑着問她。

「我告訴你，」林小姐把身子一挺：「上一個月，你這張床上就睡了一個作家。」

「誰？」

「就是那位被電影明星殺傷的作家。」

「啊！」他像一隻洩了氣的皮球，又像受了侮辱似地嘆了一口氣。

她奇怪地望了他一眼，又接着說下去。

「他不像你住在這裡這麼安靜，電影明星的太太來看他，作家朋友來看他，記者來訪問他，連深更半夜這個房裡也經常有人……他親口告訴我，一個月有一萬多塊錢的稿費，最少也有幾千，所以我不相信你那位作家朋友會餓飯。」

「他不是妳說的那種作家。他幾年難得寫一本書。」

「那他爲什麼不寫武俠，一個月可以寫兩三本，報紙還會搶着連載。」

「他不願意害人。」

「那他爲什麼不寫歷史小說？」

「他也不忍心脫古人的褲子。」

「你眞壞！」她臉一紅，食指向他一指，然後把頭一偏，眼睛望着別處。

「對不起，林小姐，恕我失言，妳別見怪。」他看她那副羞態，馬上道歉。

「我不怪你，」她馬上回過頭來向他一笑：「我只覺得你有點怪。我看你應該看看王大夫。」

「張大夫不是很好嗎？爲什麼要看王大夫！」

「王大夫是精神病科的主任，他對心理學很有研究。」

「我的精神好得很，就是肚子有點毛病。」

「你今天吃了東西精神自然好，肚子有什麼毛病？是不是不大消化？」

「我的胃是鐵胃，就是和我那位朋友一樣，常常塡不飽。」

「我原先還以爲你不懂幽默，」她風致嫣然地一笑：「想不到你這樣愛開玩笑？」

他聽她這樣說，又嚴肅起來。過了一會她又問他：

「說實話，你那位作家朋友現在在那裡？我可不可以見識見識？」

「在蘭嶼。」

「在那種鬼不生蛋的地方幹什麼？」

「抓象鼻蟲，抓蝴蝶。」

「抓那種東西有什麼意思？」

「賣錢，糊口。」

「你騙人，我才不相信！」

「妳憑什麼不相信？」

「你等等，」她指着他說：「我拿報紙你看。」

她迅速地走了出去，過了一會拿着一份當天的中央日報回來，指着「東京零簡」對他說：

「你看，作家收入驚人！」

他順着她的手指看下去：

「（本報東京航訊）日本全國稅務署最近發表去年（一九六一年）內全國各行業個人收入最高的一份詳細名單。……在此份名單中值得注意的是作家們的收入亦十分驚人，個人收入最高的前十名作家，去年所得都在二千萬日元以上。作家收入最豐富的松本清張，去年所得六千一百萬日元，相當美金十七萬元……遠較最紅的電影明星，舞臺明星及體育明星等的收入爲高，……其餘的暢銷作品作家如源氏鷄犬，收入四千一百萬元，川口松太郎收入二千九百萬元，丹羽文雄收入二千六百萬元，均非其他行業中之收入最高者所可企及。……」

他看完以後臉上相當尷尬，她馬上把報紙收回，白他一眼：

「作家收入這麼高，你還要騙我？」

「小姐，那是日本，不是台灣。」

「你別假充內行，我看臺灣的情形你也比我清楚不了少多？除非你那位朋友是個冒牌作家？」她調侃地說。

「胡說！」他勃然生氣：「我看着他一個字一個字寫出來的！」

「好，我說錯了，」她馬上陪個笑臉：「對不起，您別生氣。」

他也覺得剛才出言太重，也向她道歉，並且自嘲地說：

「唉，看三國，落眼淚，我們何必替古人躭憂，傷了自己的和氣？」

四

他的病雖然好得很快，可是第一個星期還是天天打針吃藥，他沒有資格參加公保，一天要三四百塊，他非常着急，希望提早出院。

王奮天天在外面替他奔走借錢，無奈窮朋友多，濶朋友一個也沒有，所以借錢很不理想，只好替他邀個五千塊錢的會，會是勉強邀齊了，可是錢並沒有收齊。王奮把這些情形告訴他時，他堅決地說：

「那我還是早點出院好。」

「醫生准不准許？」王奮不大放心地問。

「等會我和他當面談談。」

「好的，你決定了出院日期，先打個電話給我。」

王奮匆匆地來又匆匆地走了。

他把自己要提早出院的意思先和林小姐商量，林小姐對他說：

「張大夫要你住兩個禮拜，你現在還只住十天。」

「我實在住不下去，他總不能替我付醫藥費？」

「身體要緊，你何必在乎這麼三四天？」她笑着說。

「謝謝妳的好意，我自己的情形我總知道得比妳清楚？」

她知道他是記着她那天說的那句話，馬上向他一笑：

「喲！你眞小心眼兒？我那天不過是一句戲言，你還記着幹嗎？」

「我說的是實話，我的經濟情況不好。」

「我會把你的意思轉告張大夫。」她同情地望着他。

「要不要我自己和他講？」

「我看不必，萬一有問題你再和他談談。」

「好，那就全權拜託妳。」

林小姐出去了很久才來，馬溫如急着問她可不可以？

「他堅決反對，」她慢吞吞地說：「他說你這次是死裡逃生，一定要住兩個禮拜。」

「妳沒有把原因告訴他？」

「說過了，」她賣弄地一笑：「不然他怎麼會准許你明天出院？」

他雖然知道她捉弄了他一下，但心裡還是很高興，馬上打了一個電話告訴王奮。

第二天早晨王奮就到醫院來替辦理出院手續。林小姐為了送他也沒有走。

馬溫如在醫院住了十一天，醫院開出的帳單是四千一百一十五塊，王奮帶的錢不够，過來悄悄地問他：

「你身上還有沒有一點零錢？」

他在兩邊褲子口袋裡一摸，摸出一些草紙和零碎鈔票，王奮攤在小圓桌上整理了一會，一共是五十三塊，王奮望着林小姐說：

「怎麼辦？還差兩塊？」

林小姐馬上從口袋裡摸出兩塊錢來交給王奮，馬溫如尷尬地說：

「唉，眞丟人！」

「幽默一點，不要太認眞。」林小姐向馬溫如一笑。

「謝謝妳，以後我會在應該哭的的時候笑。」

出院的當天晚上，他正在和王奮商量如何淸償這筆債務時，突然接林小姐的一封限時信。

馬先生：

你走後我在劉小姐桌上的玻璃板下面看到名作家羅琳的名片，我好奇地抽出一看，才知道他是來看你，原來你就是小說家向文！你爲什麼不早告訴我？害得我在你面前出足了洋相？現在我把羅琳先生的名片寄給你，不知道劉小姐怎麼沒有讓他看你？怎麼又不把他的名片交給你？眞是太疏忽了。

假如你不見怪，我非常歡迎你再作我的病人。

林富美

馬溫如看了哈哈一笑，王奮在他肩上一拍：

「溫如，我看林小姐對你不壞？順風吹火，費力不多，你應該把握機會。」

馬溫如聽了大笑起來，笑過之後也拍拍王奮的肩說：

「老王，我們都是四十多歲的窮光蛋，還作這個夢？」

王奮的臉一紅，笑着對他說：

「那你也應該回她一封信？人家好心好意的。」

「這倒使得！」

馬溫如點點頭，立刻抽出一張六百字的稿紙，在上面沙沙地寫着：

富美小姐：

信收到，謝謝妳的照顧和好心，出洋相的是我不是妳，臨走時還要妳墊兩塊錢，多丟人？

我也很願意再作妳的病人，可是我得寫十萬字；不過我很笨，在十萬個方城裡爬進爬出也許要爬上一兩年的時間，當我再來時可能不住十三號病房，直接進貴院的太平間了。」

馬溫如

「嗨！心酸莫向路邊啼，你眞煞風景！」王奮把信搶過來，準們撕毀。

「別撕！別撕！」馬溫如連忙搖手。

「你這是什麽意思？」王奮質問他。

「老王，讓她安心做護士吧！」

他把王奮的肩膀一拍，哈哈地笑了起來。

如夢記

當白秋帆悄悄地踏出陳公館的朱紅大門時，他的眼淚也隨着一顆顆滴落。這些年來他受盡了屈辱，但沒有流一滴眼淚，總是咬緊牙關，跌倒了再爬起，失敗了再接再厲。他雖早已失去出人頭地的雄心，可是也不甘心在這幾十萬人的人海裡沉沒下去。他今年才三十五歲，正是壯年，應該還有一段黃金時代，應該活得像個樣子，最少也應該娶個太太。雖然汪秀英的生死存亡渺不可測，甚至她的倩影也已經模糊，但是他還要奮鬪下去，爲着一個美麗的遠景，一個渺茫的希望奮鬪下去。

可是從陳公館出來以後，他傷心透了，他最後的一點自尊心也崩潰了，他簡直抬不起頭來，他終於流下了傷心和羞愧的眼淚。

他身上連買一張公共汽車票的錢也沒有，僅有的一塊錢剛才買了車票到陳公館來，他滿以無吃住問題從此解決。可是老天彷彿故意捉弄他，一個待遇甚佳，工作輕鬆，眼看到手的職業，他又不得不自行放棄，像小偷一樣溜了出來。

烈日當空，柏油馬路融化了，汽車的輪胎從上面輾過，發出撕扯的嗞嗞的聲音。他的破皮鞋常常被柏油黏住，他吃力地拔起來，幾乎走一步拔一步，終於右脚的後跟拔脫了。他嘆口氣，彎下腰去把黏在柏油上的磨平了的舊鞋跟用力拔了起來，塞進褲子的口袋。

他兩隻脚高低不平地在馬路上拖着，頭上的汗珠像一粒粒黃豆向下滾落，他用手指在腦殼上掠掠，偶爾也掏出汚黑的粗布手帕擦擦，但手帕很快地濕透了。

本來他想回到那個蹬三輪的朋友的克難破屋去，但是今天出來時他告訴那個朋友說是到陳公館「到差」，用不着打擾老朋友了，出來還不到一個鐘頭，怎麽好意思馬上回去？他想來想去，還是到就業輔導中心去，再行登記也許不久會有別的機會？

從陳公館到就業輔導中心，有很遠一段路程，他只好擦擦汗，擦擦眼淚，頂着如焚的烈日，踏着牛皮糖般的柏油路，游魂般地向前走。

怏走到就業輔導中心時，突然有點膽怯，等了七八個月，輔導中心的王先生幫了很大的忙，才得到這份「優差」，現在自己不幹，這又怎樣好意思啓齒呢？

他在輔導中心外面兜了幾個圈子，最後又抹掉臉上的汗珠和眼淚，裝了幾次笑容，才鼓起最大的勇氣走進去。

裡面有十幾個失業的人在排隊塡表登記，王先生一個個詢問接談，那些先來的人一個個走掉之後，王先生把頭微微一抬，突然發現他，臉上微露詫異，說了一聲：

「咦！你怎麽又來了？」

「我，我，我……」

「我不是告訴你到陳公館去到差嗎？」王先生有點生氣地說：「那還是一份特別爲你着想的優缺，難道你還想當老太爺不成？」

白秋帆靜靜地站在王先生的面前，不敢作聲。王先生看着他清瘦的面貌，破了領的白裡泛黃的香港衫，膝蓋上打了幾個補釘的灰黑的破西裝褲，看着他這副狼狽而善良的樣子，又興起幾分同情，因此溫和地對他說：

「白先生，那實在是一份很合適的工作，剪剪花、掃掃庭院、打打雜、管吃管住，還有五百塊錢一個月，這份工作打着燈籠火把也難找到，有很多人向我活動，我都沒有介紹，我看你受過高等教育，太吃力的事情又幹不了，所以特別關照……」

「我非常感謝您，王先生……」他噙着眼淚囁嚅地說。

「那你又爲什麼跑到這裡來？」

「我實在不能幹，實在不能幹，王先生！」他的眼淚幾乎掉了下來。

王先生又從頭到脚把他打量了一番，覺得他不是一個好吃懶做的人，也不是一個不明白道理的粗人，學識很不錯，就只差一年拿到大學文憑。如果說他有什麼缺點，那就是本性太善良，而又隱然有點傲骨，不會奔走鑽營，不然可能不會落到這種地步。

王先生閱人甚多，他深深瞭解人情世故，他站起來對他說：

「我們到裡面談談吧。」

他把白秋帆領到一個六個榻榻米大小的房間，指着一把舊藤椅，要他坐下。

「你到底爲什麼不能幹，這裡沒有別人，不妨和我談談。」王先生等他坐定之後，親切地對他說。

他望着王先生苦笑，囁嚅着不能出口，王先生也一直望着他。兩人對望了一陣之後，他終於把頭一低，掏出汚黑的手帕，擦擦眼睛，重重地嘆了一口氣。

他的灰白的嘴唇開始顫動着，王先生靜靜地傾聽。

他走到陳公館門口時，他望着那發亮的朱紅大門發楞，不敢馬上去按電鈴，他站在門外休息，想讓自己心平氣靜。他望望圍墻上閃閃發亮——一種青藍色的光亮的尖銳的破玻璃片的蒺藜，和朱紅門上用白漆寫着「內有惡犬」這幾個字，心裡更忐忑不安，他站在這樣富貴人家的大門口顯得多麽不調和？幸好是在白天，如果是夜晚，別人很可能會以爲他是個小偷呢！

他等到呼吸完全平順之後，才伸出手去輕輕地按了一下電鈴，他沒有聽見響聲，不知還是庭院太深，還是裡面沒有人？過了好一會，裡面還沒有動靜，於是他又伸手去按，他的手不自覺地有點顫抖，電鈴也隨着發出一種顫抖的聲音，他這才知道第一下按得太輕，根本沒有按響，他不禁啞然失笑。

過了一會，他聽見有脚步聲音，正向他這邊走來，他連忙扯扯香港衫，希望把它扯伸，同時挺挺胸脯，使自己站得更直，顯得年青力壯的樣子。

他先看到一隻明亮的眼睛，從門孔裡向自己張望了一下，然後把門輕輕地打開，但不是全部打開，只開了幾寸寬的一條縫。他看見一頭如雲的青絲，和大半個白皙漂亮的面孔，她向他全身上下打量了一下，然後從那俊俏的小嘴裡吐出這句話：

「請問你是來幹什麼的？」

「太太，我是輔導中心介紹來當雜工的。」他恭敬地回答。

她噗哧一笑，又望了他一眼，然後把那扇小門拉開，大聲大氣對他說：

「進來！老爺上班去了，太太還在睡覺。」

他臉一紅，低着頭，小心地走了進去。

庭院很大，他一眼就看見許多夾竹桃、聖誕紅、扶桑、冬青，以及許多他不知名的盆景，真使他眼界一新。房子更是美侖美奐，足有三、四十建坪，他望着這棟精緻的洋房，想起他和朋友住的那間克難違章的破屋，不免有點發呆。

「喂！你怎麽不進來？」她踏上台階後站在門口對他說。

他才如夢初醒，高一脚低一脚地踏上台階去。

門口擺着一長列皮拖鞋，足有十幾雙，她望望他那雙斑斑剝剝灰塵當面的破皮鞋，，眉一皺，吩咐他說：

「記住，別忘記換拖鞋！」

他連忙點頭一笑，但並不馬上脫鞋，等她進門之後，他便以最迅速的動作脫掉自己的破皮鞋，穿上漂亮的拖鞋，拖鞋的前半截剛好遮住他那雙又髒又破露出兩個趾頭的襪子。

客廳的地板油漆得光可鑑人，皮沙發套着雪白的布套，纖塵不染，他呆立着簡直不敢坐下去。

「坐嚜，上面又沒有刺！」她調侃地對他說。

他臉一紅，望了皮沙發一眼，才戰戰兢兢地坐下去。

客廳的墻壁上有中國名人的字畫，也有西洋油畫，光是電扇就有三個，他坐的地方就有一個電扇向他搖頭，和剛才在烈日底下完全是兩個世界。

不知道她是什麽時候離開他的？他正惶惑的時候，她忽然端着一杯茶出來，向他旁邊的茶几上一放。

「你等着，太太過一會就會出來。」她吩咐他說，隨即大模大樣地走了進去。

他望着她的背影發了一陣呆。

過了好半天，一個容光煥發，氣度不凡，穿着織錦尼龍，全身金光閃閃的三十來歲的婦人走了出來，他的眼睛突然一亮，不自主地肅立起來。

她隨便望了他一眼就在他對面的沙發上坐下，他正想掏出輔導中心的介紹卡片遞上去時，突然心中一凉，眼睛一陣黑，那隻掏卡片的右手自然停了下來。等他再度睜開兩眼向她注視時，他就完全確定她是誰了。

他想趁她還沒有認出自己時，趕快離開，可是當他站起來，她也突然站起來，睜大眼睛望着他說：

「怎麼？你是秋帆？」

他沒有作聲，像個木頭人站在那裡發呆。

她突然癱瘓似地坐回沙發上，又作作手勢要他坐下來。他不自主地坐下，過了一會，她幽幽地嘆口氣說：

「秋帆，我眞沒有想到會是你？昨天我打了一個電話去輔導中心要他們介紹一個雜工，我眞做夢也沒有想到今天來的會是你？」

「我也只知道陳公館要用人，做夢也沒有想到會是妳要，否則我死也不會來。」白秋帆低着頭說。

「秋帆，你怎麼會落到現在——？」她關心地問，眼睛有點潤濕。

「這只怪我沒有出息。」他囁嚅地回答。

她望着他心裡一陣酸，眼淚終於流了出來。但她爲了保持現在的身份，很快地用手絹擦了一下。

「秋帆，我一直以爲你沒有出來——」她又輕輕地嘆口氣：「眞沒有想到你也在臺北！」

「起先我在南部，」他微微抬起頭來說：「因爲找不到工作，前年才來臺北。」

「你怎麼不找個教員幹幹，或者作點其他的工作——？」

「我統統試過了，完全失敗。」

「秋帆，眞想不到老天會這樣捉弄你？」

「可不是？」他淒凉地一笑：「幸好沒有連累妳。」

「秋帆，你不會怪我吧？」她望着他說，想起十年前的山盟海誓，她心裡不免有些歉意。

十年前他們是同系同學，彼此瞭解，彼此相愛，他們在一起歡渡了兩年甜蜜的愛情生活，鷄鳴寺、燕子磯、棲霞山、靈谷寺、玄武湖，處處留下他們的雙雙足跡。在南京情況緊急，他們不得不暫時分手的前夕，還一道去玄武湖划船，她因爲躭心局勢的惡化，兩地相隔，還特地問他：

「假如短期內我們不能再會，你會不會等我？」

「一定等妳！」他肯定地回答。

「一年？兩年？」她笑着問。

「直到地老天荒。」他搖着槳說。

她滿意他的回答，在他臉上輕輕地一吻。

他把船划到湖心，把槳柄壓在腿下，輕輕地問她：

「妳呢？」

「直到海枯石爛。」她靠在他的胸前說。

「不會改變？」他笑着問她。

「多少年來，紫金山還是紫金山，玄武湖還是玄武湖，你幾時看見過它們改變？」她反問他。

他得意地笑了。

他們分手以後，原以爲頂多三兩月就可以見面，誰知道局勢變化得那麽快那麽壞，眞是出人意外，他們都是倉皇出走，又都輾轉來到臺灣，可是失掉聯絡，都以爲對方還留在大陸呢。

現在事隔十多年，一切都起了很大的變化，她已身爲貴婦，他却如此狼狽，相形之下，他的感慨很深，但他並不怪她。他望着她苦笑。雖然這十多年來他一直想她，可是現在一見之下，甚至連她的名字也不敢叫，看看她，又看看自己，他彷彿掉進萬丈冰窖。

「秋帆，我眞抱歉，我沒有遵守玄武湖上的諾言。」

「今天我是來陳公舘聽差，並不是來要求妳實踐諾言。」

「秋帆，如果你不嫌棄，就住在這裡，我會好好地待你的。」她善意地向他建議。

「烏鴉闖進鳳凰窠，那算什麽？」他自我嘲弄地一笑。

「我會說你是我的親戚。」她說。

「即使妳有這種好意，我也不敢領情。」他想起剛才把下女當作太太，和下女對他的那種神氣，他就感到很大的威脅。何況還有她的丈夫？那不是達官貴人，就是一個大腹賈，一看見這種人，他就覺得自己矮了三尺。而且天天看見自己心愛的女人，和別的男人親暱，那簡直是和尙頭上敲木魚，不是味兒。

「秋帆，你不要這樣作踐自己，」她向他一笑：「我是這裡的主人，他們都會尊重我的，既然尊重我，也一定會尊重你，只要我們保守這份秘密。」

「紙包不住火，恐怕很難保守得住？」他悽凉地一笑。

「你不能守口如瓶？」

「我沒有這份涵養功夫。我們都是三十多歲的人了，不能玩火。」

「我不忍心看着你在外面吃苦。」

「我也不忍心破壞妳的家庭幸福。」

這時電鈴突然響了，他以爲是她丈夫回來了，顯得有點侷促。

「是小英放學了。」她笑着對他說，然後又向裡面喊了一聲：「阿秀，小英回來了，快去開門。」

那個漂亮的下女連聲答應，非常服貼。

下女把門打開時，一個八九歲的女孩子蹦蹦跳跳地跑了進來，撲到媽媽身上叫「媽咪！」

「小英，這位是白伯伯，叫白伯伯好。」她指着白秋帆要小英叫他。

小英望了他一眼，看他那副狼狽相，馬上把小嘴巴一撇：

「媽咪，我們家裡從來沒有這樣的伯伯！」

白秋帆的臉上一陣慘白。她也點尷尬，指着小英說：

「小英，小孩兒不能這樣沒有禮貌！」隨即對下女說：「阿秀，妳把小英帶到後面去。」

阿秀牽着小英的手，連哄帶騙地把她帶到後面去，她還回過頭來向白秋帆聳聳鼻子，伸伸舌頭，白秋帆的臉已由慘白變成死灰了。

「小孩兒不懂事，你不要見怪。」她陪着笑臉說。

「不怪她」他苦笑着說：「只怪我不該來。」

他立刻站了起來，身子有點搖幌。

她也跟着站了起來，亭亭玉立。

他們倆人站在客廳裡是一個鮮明的對比，一個破破爛爛，面有菜色；一個金光閃閃，春風滿面他向門口移動脚步，她對他說：

「秋帆，不要走，留在這裡。」

「今天能見到妳，我死也瞑目。」他向她苦笑。

「可是，我很抱歉。」她囁嚅地說。

「不要抱歉，只當那是一個夢，一句戲言。」他向她一笑，眼裡淚光閃閃。

他向門口走去，她趕上一步說：

「秋帆，無論如何請你給我留個地址。」

「不必，」他搖搖頭說：「我也沒有一定的地址。」

她看見他穿鞋子，又連忙對他說：

「秋帆，你等等。」

她旋轉身，迅速跑進房去。

他連忙穿上破皮鞋，像小偷一樣悄悄地溜了出來。

「王先生，你看我怎麼能幹？」他把自己的故事敘述完畢之後，反問姓王的一句。

姓王的如夢初醒，怔怔地望着他，嘆口氣說：

「眞出乎我的意外。」

「王先生，現在我請求你，替我另外留意。」

「白先生，你等了七八個月，才等到這份優差，以後又不知道要等多少時候？」王先生摸摸後腦殼說。

「王先生，要是再有這樣的好差事，我一定幹下去。」他向王先生拍拍胸脯。

王先生向他同情地笑笑。他的兩眼却有點潤濕。

走出輔導中心，他茫然不知所之，像游魂一般地在街頭閒蕩，想起陳公館的事他不禁喃喃自語：

「夢嗎？眞的是夢嗎？」

除夕

除夕。

炮竹屑噴得遍地都是，街沿上，人行道上更舖得厚厚的，脚踏在上面軟軟的，到處洋溢着一種煙硝味，香香的，有一種喜氣。

有些店舖還劈劈啪啪地放着炮竹，有的掛在竹棍上，從樓上的窗口伸出來，有的掛在街沿的柱子上，有的提在小夥計的手上，炮竹屑彈得滿天飛，在那厚厚的炮竹屑上又加上一層。

賣手帕領帶的小攤販收了，賣書報雜誌的書攤也收了，只有極少數賣兒童玩具的小地攤還在擺着。

商店多半關門打烊了，有些已經吃年夜飯，猜拳聲，喧笑聲，透過門縫和鐵柵傳到外面來。

楊樺伶仃地走在人行道上，在歡笑的邊緣，他感到格外凄凉和寂寞。

他輕輕地推開「上林」的彈簧門，一股麵包點心的香味，立刻撲進鼻子。女主人以幾分驚訝的口吻迎着他：

「楊先生，今天過年，你怎麽也來光顧？」

「別的地方我不想去，還是你這裏好些。」他回她一個微笑，笑得有點勉強：「不速之客，歡不歡迎？」

「當然歡迎，」女主人點點頭，「小王在樓上，你要什麼吩咐他好了。」

於是他逕自上樓，這地方他太熟了。

樓上是咖啡室，平時這裏都很靜，有人也好像沒有人，輕輕地談話，沒有喧笑，沒有浪聲，來到這裏的都是紳士淑女，室內佈置陳設淡雅，人也文靜。

他走上樓向裏望了一眼，十來個雅座空無一人，他像走進靜靜的山谷，只有他輕微的足音。坐在隱蔽的帳房裏面的小王，開着電晶體的小收音機，欣賞着輕微得像夢語一般的西洋樂曲。楊樺走近那靠窗的老座位時，小王才發現他，笑着走出來：

「哦，楊先生，沒想到你今天晚上會來?」

「今天晚上我大概是唯一的客人了。」楊樺說。

「可不是?先生小姐們都在家裏過年。」小王說。

「只有我在你們這裏過年，你不討厭吧?」

「豈敢?」小王禮貌地說：「你要吃點什麼?」

「牛排，火腿蛋，煎餅，羅宋湯，另外來點威士忌。」楊樺看着Menu說，他本來不歡喜西餐，但這是一個西點麵包店，兼賣咖啡，西餐。他歡喜這裏的情調，平時只喝咖啡或吃點西點。今天除夕，機關裏的單身漢都到別人家裏過年去了，晚上停伙。他既不肯到同事家裏過年，又沒有吃飯，所以只好在這裏將就一頓。

「好，」小王笑着點點頭，「我去厨房關照一聲。」

「請先給我一杯咖啡。」楊樺又補充一句。小王又點點頭。他是一個標準的Boy，年輕，漂亮，而有禮貌。楊樺又是老客人，和他很熟，因此禮貌之外還有一點親切感。

小王走後，整個樓上只有他一個人，他像被人遺棄在空山深谷裏一般寂寞，連那個老流浪漢史密斯也沒有來，在「上林」，他們兩人是眞正的常客，尤其是周末和禮拜天，他們兩人準能在這裏碰頭，數年來一直如此。可是今天連史密斯也沒有來。他感到有點悲哀，他甚至有點後悔沒有去同事家裏過年，和孩子們鬧鬧，或是喝得醉醺醺的，這個令人感傷的除夕，也許比較容易渡過？然而他又怕看着別人的妻子兒女團聚的天倫之樂，使自己更加感傷，而影響了別人的快樂，所以他幾經考慮之後還是到這個老地方來。

小王端來一杯黑咖啡，一小盅牛奶，便在他對面坐下。

他把牛奶倒在咖啡裏，又加了兩塊方糖，一面用小調羹攪動，一面問小王：

「史密斯今天今沒有來？」

「沒有，」小王搖搖頭：「他昨天說今天要在中國乾女兒家裏過中國年，不會來了。」

「他倒老興不淺。」楊樺笑了。他想史密斯眞是個奇怪的人，他在美國有兒有女；可是就不想回去，情願在臺灣教教英文混日子，而又居然收了個中國乾女兒，到她家裏過年去了。

「你也可以到朋友家裏過年。」小王雙手托着下巴說。

「小王，朋友家不是自己的家，給人家添麻煩，自己心裏也不好受。」他喝了一口咖啡說。

「那你自己怎麽不趕快成個家？」

「小王，這種事情急不來的。」他向小王搖搖頭。

「怎麽方小姐好久沒有同你一道來了？」

「啊，她結婚了。」楊樺自嘲地一笑。

「那是怎麽一回事？」小王伸長頸子問。

「很簡單，」他苦笑着：「我沒有史密斯那麽老，又沒有你這麽年輕，像我這種年齡，眞尷尬！」

「你不過四十來歲，正當令。」

「小王，有錢才會當令，沒有錢不行。」

「你不是够化嗎？」小王知道他有一份正當職業。

「但是小姐們希望過得舒服一點，誰願意窮湊合？」

小王迷惘地一笑。凡是到這裏來的小姐，都很高尙時髦，她們好像生來是坐咖啡館，上舞廳，赴宴會的，她們的手是那麼嫩，自然不會燒飯洗衣。方小姐也是那個樣子。

「現在的小姐們好像比先生們貴重?」過了一會小王笑着說。他看慣了先生們替小姐們脫大衣，做這做那，像個僕人似的。

「自然，」楊樺自嘲地一笑：「Lady first，男人該死。」

小王聽了笑着站起來，向廚房走去。

楊樺望望窗外，窗外的街道盡是炮竹屑，平時熙來攘往，現在却是冷冷清清，商店幾乎全部打烊。

剛才小王提到方小姐，他又自然想起她。她結婚已經三個月了！這是他第二次的失敗，第二次的傷心。

他們兩人相差十五歲，如果照現在的看法，不算太大，他們相處一年多，一直很好，很有希望結婚，可是想不到半路殺出一個程咬金，對方比自己年輕，經濟基礎也比自己好，所以這場戀愛又像一陣輕煙，吹了，散了。

他望着冷清的街道，望着凌亂的炮竹屑，望着緊閉的商店的大門，望着大門兩邊的紅紙對聯，再望望乳白的檯面，喝空了的白瓷杯，和所有的空空座位，他不禁輕輕地嘆口氣，輕得只有自己聽見。

小王端上了牛排、煎餅、火腿蛋，四分之一瓶威士忌，和一隻高脚酒杯。

「今天的西餐可能不對路，」小王抱歉地說，「大師傅回家過年，這是老板娘自己弄的。」

「哦，那眞對不起！」楊樺驚喜地說。

「你是老主顧，不能拒絕，所以老板娘親自動手。」小王說。

「請你代我謝謝她。」他十分感激地說。然後拿起酒瓶，倒了滿滿的一杯酒，微微舉起杯子對小王說：「現在謝謝你。」

「楊先生，你別客氣，」小王微微紅着臉說：「你來了我也不寂寞。」

「你不回家過年？」

「我只有一個姐姐住在南部，年前年後車子特別擁擠，還是留在這裏好些。」

「你吃過飯沒有？要不要加一點？」

「謝謝，我吃過了，」小王說，「你慢慢吃，我替你去拿湯來。」

說着小王又進厨房去了。

整個樓上又只有他一個人，靜，淒清。

西餐本來淡而無味，加上女主人的手藝又不如大師傅的高明，牛排炸得太老，火腿味如嚼蠟，只有威士忌還有一點刺激。但他不願辜負女主人的盛意，還是儘量地吃下去。

這是一個道地的中國除夕，却過得沒有一點中國味道。

本來他以爲今年可以建立一個溫暖的家，但方萸却同別人結婚了。

在這個樓上，他曾經和方萸共渡過許多個周末，共渡過許多個黃昏。甚至他們也多半是在打烊時最後一對走的。

方萸第一次和他來就坐在靠窗口的這個座位上，就坐在正對面，以後又坐過很多次。她的一顰一笑，都使他無法忘懷，尤其是那對細長柔軟的手，只有在中國畫仕女中才能找到。當她用纖纖的手指握着小調羹攪動咖啡時，那樣子眞美，而他握着它時又那樣柔若無骨，溫暖，細膩。

現在，對面的位子是空的，往事如煙，如夢，也許她此時正在新房中歡渡除夕？

想到這裏他的心一陣悸痛，突然放下刀叉，頹喪地往沙發背上一靠。

小王端了一盌冒着熱氣的羅宋湯來，看他頹喪地靠在沙發背上，微感驚奇地問：

「怎麼？你不吃了？」

「够了，」他向小王裝出一個微笑，坐了起來，拿着湯匙說，「我喝點湯。」

「楊先生，你是不是在想方小姐？」

他毫不隱瞞地點點頭。

「其實我覺得梁小姐更好。」小王說。

小王這句話又勾起了他一個幾乎塵封的記憶。梁素雯是在認識方蕙前兩年認識的。梁素雯的面貌的確比方蕙漂亮，性格也更溫柔，身材嬌小，是典型的江南女兒。他們也曾談到婚嫁，但當她發現他的身份證上已有配偶，便傷心離去。當時他和她曾有一番辯白，他對她說：

「她在大陸沒出來，現在這種情形很多。」

「萬一她出來了，我怎麼辦？」她反問他。

他沒有適當的話可以回答，只好用別人行之已久的辦法告訴她：

「我可以寫封信到香港去，要朋友來信證明她已經死亡，這樣配偶欄的姓名就可以取銷。」

「這是掩耳盜鈴。」她不滿意他的答覆。

「但是很多人都是這麼辦，以後的婚姻也完全合法。」

「可是也有人後來弄得非常尷尬。」報紙上登過前妻千辛萬苦逃出來，丈夫不知如何是好的新聞，她自然知道。

由於她的疑慮無法消除，他們終於傷心地分手。這件事對他是一個很大的打擊，他的精神幾乎崩潰，有一年多他都是恍恍惚惚。後來同事們勸他：

「你應該未雨綢繆，不要等到有了女朋友再寫信去香港請朋友證明你太太已經死亡，最好先辦好這件事，天理、國法、人情都講得過去，事實上，她不能來，你不能去，總不能老是這樣拖」。

後來他遵照朋友的勸告，辦好了這件事，但又沒有新的女朋友，所以心情很頹廢。直到朋友介紹方萸給他，才將梁素雯漸漸淡忘，等到梁素雯有了兩個孩子之後，他簡直連想也不敢想了。他把她當作一件名畫樣地封藏起來，一直未曾打開。想不到小王的一句話却輕輕地揭開了塵封的蓋子，梁素雯又鮮活地走了出來。

他無言地望望窗外，街上有一輛計程車疾馳而過，裏面坐着一對微醺的恩愛的夫妻，他輕輕地嘆了一口氣，將高脚杯中的餘酒一飲而盡。

女主人穿着整齊地走了上來，她看來還不到三十歲，稍加修飾，便很動人，她人情世故練達得很，不但那個老流浪漢史密斯來到這裏有賓至如歸的感覺，別的客人對她也有很好的印象，她對男人的禮貌很有點像日本女人。這咖啡室也是西洋情調和日本情調的綜合。

小王看她來了就站起來讓她坐，她笑着對小王說：

「小王，你拿副撲克牌來，我們陪楊先生玩玩。」

小王迅速地收拾盤盌刀叉，又從帳房的抽屜裏取了一副八成新的撲克牌來，她接過來洗了幾下，然後向楊樺一笑：

「楊先生，讓我看看你的紅鸞星什麼時候動？」

「劉小姐，」楊樺像所有的客人一樣，稱呼她劉小姐，「別再尋我開心吧？我這個單身是打定了。」

「不要洩氣，」女主人把牌握在手裏，笑着安慰他，「單身不會打一輩子的，將來也許會有一位更好的小姐——」

「像我這樣的年齡，事業經濟兩無基礎，再好的小姐也會溜掉，你已經見過兩個了。」楊樺苦笑着說。

「梁小姐和方小姐都很不錯，這證明你比別人強。」女主人說。

「可是最後還是別人比我強。」楊樺又自嘲地笑了。

女主人也望着他一笑，然後意味深長地說：

「楊先生，俗話說，帽子歪歪戴，老婆來得快。對小姐們太紳士風度也不行。」

「劉小姐，娶妻娶德，娶妾娶色，我是中年人了，我需要的是穩定成熟的愛情，不是急驚風的婚姻。」

「你的境界高，可是小姐們不過三十歲是不能體會的。」

「所以很難，」楊樺慨嘆地說，「三十歲的女人早就是人家的太太了。」

「你以前結過婚沒有？」

「結過，不到兩個月就分開了。」

「你能不能想辦法把她接出來？」

「談何容易？」他尷尬地一笑：「我們已經沒有夫妻關係。」

「那是怎麼一回事？」她奇怪地問。

他把經過情形告訴她，她不禁啞然失笑：

「這樣你不是前不巴村，後不巴店了？」

「這就是我的悲哀。像我們這種年齡的光棍，喝的盡是酸辣湯。」

女主人同情地望着他，手裏玩弄着撲克牌。

他却想着過去。

在他二十二歲那年，他激於滿腔悲憤，放棄了即將到手的方帽子，拿起槍桿，投入戰爭的洪流，幾乎賠上了性命。勝利後，復員，轉業，結婚。但結婚不到兩個月，便勞燕分飛。他只嚐到一點蜜，却忍受着長期的痛苦。對方是死是活？還是有其他不幸的遭遇？他完全不知道。於是，他愛上了梁素雯，而梁素雯却因爲他是一個已婚的人，終於棄他而去；後來再和方英相愛，方英發現他只是一個普通薪水階級，不願日後牛衣對泣，又投入別人的懷抱了。

「楊先生，我們打打百分吧？」女主人突然把牌洗得嘩嘩響，笑着對他說。

「謝謝你，」他悵然一笑，「喝了一點酒，我有點頭暈，我想回去睡覺。」

說完他站起來付賬，又多給了小王一點小費。

「新年要是沒有什麼地方去，隨時歡迎你來。」女主人客氣而誠懇地說。

他點點頭，逕自走下樓。

走到街上，走在炮屑上，他覺得有點頭重脚輕。他想叫部三輪車，但是一輛也沒有看見，街上冷冷清清的。

突然，從衡陽街口轉過來一輛紅色計程車，他把手一招，車子沒有停，直開過去，他這才看清，後面坐了兩個客人，那女的正是方萸，不知道她是疲倦還是有點醉，她慵懶地把頭靠在丈夫的肩上，她纖長而柔軟的手指正繞着丈夫的頸子。

楊樺鼻頭一酸，兩眼一黑，幾乎跌倒，連忙咬咬牙，眼裏却滾出兩顆淚珠。

墨人博士著作書目（校正版）

書目	類別	出版者	出版時間
一、自由的火焰 ｝與《山之禮讚》合併	詩集	自印（左營）	民國三十九年（一九五〇）
二、哀祖國 ｝易名《墨人新詩集》	詩集	大江出版社（臺北）	民國四十一年（一九五二）
三、最後的選擇	短篇小說	百成書店（高雄）	民國四十二年（一九五三）
四、閃爍的星辰	長篇小說	大業書店（高雄）	民國四十二年（一九五三）
五、黑森林	長篇小說	香港亞洲社	民國四十四年（一九五五）
六、魔障	長篇小說	暢流半月刊（臺北）	民國四十七年（一九五八）
七、孤島長虹（全集中易名爲富國島）	長篇小說	文壇社（臺北）	民國四十八年（一九五九）
八、古樹春藤	中篇小說	九龍東方社	民國五十一年（一九六二）
九、花嫁	短篇小說	九龍東方社	民國五十三年（一九六四）
一〇、水仙花	短篇小說	長城出版社（高雄）	民國五十三年（一九六四）
一一、白夢蘭	短篇小說	長城出版社（高雄）	民國五十三年（一九六四）
一二、颱風之夜	短篇小說	長城出版社（高雄）	民國五十三年（一九六四）

一三、白雪青山　長篇小說　長城出版社（高雄）　民國五十四年（一九六五）
一四、春梅小史　長篇小說　長城出版社（高雄）　民國五十四年（一九六五）
一五、洛陽花似錦　長篇小說　長城出版社（高雄）　民國五十四年（一九六五）
一六、東風無力百花殘　長篇小說　長城出版社（高雄）　民國五十四年（一九六五）
一七、合家歡　長篇小說　臺灣省新聞處（臺中）　民國五十四年（一九六五）
一八、紅樓夢的寫作技巧　文學理論　臺灣商務印書館（臺北）　民國五十五年（一九六六）
一九、塞外　短篇小說　臺灣商務印書館（臺北）　民國五十五年（一九六六）
二〇、碎心記　長篇小說　小說創作社（臺北）　民國五十六年（一九六七）
二一、靈姑　長篇小說　小說創作社（臺北）　民國五十七年（一九六八）
二二、鱗爪集　散　文　水牛出版社（臺北）　民國五十七年（一九六八）
二三、青雲路　短篇小說　臺灣商務印書館（臺北）　民國五十八年（一九六九）
二四、變性記　短篇小說　臺灣商務印書館（臺北）　民國五十八年（一九六九）
二五、龍鳳傳　長篇小說　幼獅書店（臺北）　民國五十九年（一九七〇）
二六、火樹銀花　長篇小說　立志出版社（臺北）　民國五十九年（一九七〇）
二七、浮生集　散　文　聞道出版社（臺南）　民國六十一年（一九七二）
二八、墨人詩選　詩　集　臺灣中華書局（臺北）　民國六十一年（一九七二）
二九、鳳凰谷　長篇小說　臺灣中華書局（臺北）　民國六十一年（一九七二）

三〇、墨人短篇小說選	短篇小說	臺灣中華書局（臺北）	民國六十一年（一九七二）
三一、斷腸人	短篇小說	臺灣學生書局（臺北）	民國六十一年（一九七二）
三二、詩人革命家胡漢民傳	傳記小說	近代中國社（臺北）	民國六十七年（一九七八）
三三、心猿	長篇小說	學人文化公司（臺北）	民國六十八年（一九七九）
三四、山之禮讚	詩　集	秋水詩刊（臺北）	民國六十九年（一九八〇）
三五、心在山林	散　文	中華日報社（臺北）	民國六十九年（一九八〇）
三六、墨人散文集	散　文	學人文化公司（臺中）	民國六十九年（一九八〇）
三七、山中人語	散　文	臺灣商務印書館（臺北）	民國七十二年（一九八三）
三八、花市	散　文	江山出版社（臺北）	民國七十四年（一九八五）
三九、三更燈火五更雞	散　文	江山出版社（臺北）	民國七十四年（一九八五）
四〇、墨人絕律詩集	詩　集	臺灣商務印書館（臺北）	民國七十六年（一九八七）
四一、全唐詩尋幽探微	文學理論	臺灣商務印書館（臺北）	民國七十六年（一九八七）
四二、第二春	短篇小說	采風出版社（臺北）	民國七十七年（一九八八）
四三、全唐宋詞尋幽探微	文學理論	臺灣商務印書館（臺北）	民國七十八年（一九八九）
四四、小園昨夜又東風	散　文	黎明文化公司（臺北）	民國八十年（一九九一）
四五、紅塵（上、中、下三卷）	長篇小說	臺灣新生報社（臺北）	民國八十年（一九九一）
四六、大陸文學之旅	散　文	文史哲出版社（臺北）	民國八十一年（一九九二）

四七、紅塵續集　長篇小說　臺灣新生報社（臺北）　民國八十二年（一九九三）

四八、墨人半世紀詩選　詩　選　文史哲出版社（臺北）　民國八十四年（一九九五）

四九、張本紅樓夢（上下兩巨冊）　修訂批註　湖南出版社（長沙）　民國八十五年（一九九六）

五〇、紅塵心語　散　文　圓明出版社（臺北）　民國八十五年（一九九六）

五一、年年作客伴寒窗　散　文　中天出版社（臺北）　民國八十六年（一九九七）

五二、全宋詩尋幽探微　文學理論　文史哲出版社（臺北）　民國八十九年（二〇〇〇）

五三、墨人詩詞詩話　詩詞・理論　詩藝文出版社（臺北）　民國八十九年（二〇〇〇）

五四、娑婆世界（定本）　長篇小說　昭明出版社（臺北）　民國八十八年（一九九九）

五五、白雪青山（定本）　長篇小說　昭明出版社（臺北）　民國八十九年（二〇〇〇）

五六、滾滾長江（定本）　長篇小說　昭明出版社（臺北）　民國八十九年（二〇〇〇）

五七、春梅小史（定本）　長篇小說　昭明出版社（臺北）　民國八十九年（二〇〇〇）

五八、紫燕（定本）　長篇小說　昭明出版社（臺北）　民國九　十年（二〇〇一）

五九、紅樓夢的寫作技巧（定本）　文學理論　昭明出版社（臺北）　民國九　十年（二〇〇一）

六〇、紅塵六卷（定本）　長篇小說　昭明出版社（臺北）　民國九　十年（二〇〇一）

六一、紅塵法文本　巴黎友豐（you fonq）書局出版　二〇〇四年初版

附　註：

▲北京中國文聯出版社　二〇〇三年出版　大陸教授羅龍炎・王雅清合著《紅塵》論專書

▲臺北市昭明出版社出版墨人一系列代表作，長篇小說《娑婆世界》、一百九十多萬字的空前大長篇《紅塵》（中法文本共出五版）暨《白雪青山》（兩岸共出六版）、《滾滾長紅》、《春梅小史》、《紫燕》，短篇小說集、文學理論《紅樓夢的寫作技巧》（兩岸共出十四版）等書。臺灣中華書局出版的《墨人自選集》共五大冊，收入長篇小說《白雪青山》、《靈姑》、《鳳凰谷》、《江水悠悠》（爲《東風無力百花殘》易名）、《短篇小說・詩選》合集。《哀祖國》及《合家歡》皆由高雄大業書店再版。臺北詩藝文出版社出版的《墨人詩詞詩話》創作理論兼備，爲「五四」以來詩人、作家所未有者。

▲臺灣商務印書館於民國七十三年七月出版先留英後留美哲學博士程石泉、宋瑞等數十人的評論專集《論墨人及其作品》上、下兩冊。

▲《白雪青山》於民國七十八年（一九八九）由臺北大地出版社第三版。

▲臺北中國詩歌藝術學會於一九九五年五月出版《十三家論文》論《墨人半世紀詩選》。

▲《紅塵》於民國七十九年（一九九〇）五月由大陸黃河文化出版社出版前五十四章（香港登記，深圳市印行）。大陸因未有書號未公開發行僅供墨人「大陸文學之旅」時與會作家座談時參考。

▲北京中國文聯出版公司於一九九二年十二月出版長篇小說《春梅小史》（易名《也無風雨也無晴》）；一九九三年四月出版《紅樓夢的寫作技巧》。

▲北京中國社會科學出版社於一九九四年出版散文集《浮生小趣》。

▲北京群眾出版社於一九九五年一月出版散文集《小園昨夜又東風》；一九九五年十月京華出版社出

版長篇小說《白雪青山》大陸版，第一版三千冊，一九九七年八月再版一萬冊。

▲長沙湖南出版社於一九九六年一月初出版墨人費時十多年精心修訂批註的《張本紅樓夢》，分上下兩大冊精裝一萬一千套。立即銷完、因未經墨人親校，難免疏失，墨人未同意再版。

Mo Jen's Works

1950 *The Flames of Freedom*（poems）《自由的火焰》

1952 *Lament for My Mother Country*（poems）《哀祖國》

1953 *Glittering Stars*（novel）《閃爍的星辰》

The Last Choice（short stories）《最後的選擇》

1955 *Black Forest*（novel）《黑森林》

The Hindrance（novel）《魔障》

The Rainbow and An Isolated Island（novel）《孤島長虹》（全集中易名爲富國島）

1963 *The spring lvy and Old Tree*（novelette）《古樹春藤》

1964 *Narcissus*（novelette）《水仙花》

A Typhonic Night（novelette）《颱風之夜》

Ms.Pei Mong-lan（novelette）《白夢蘭》

The Joy of the Whole Family（novel）《合家歡》

Flower Marriage（novelette）《花嫁》

1965 *White Snow and Green Mountain*（novel）《白雪青山》

The Short Story of Miss Chung Mei（novel）《春梅小史》

The Powerless Spring Breeze and Faded Flowers（novel）《東風無力百花殘》（《江水悠悠》）

Flower Blossom in Loyang（novel）《洛陽花似錦》

1966 *The Writing Technique of the Dream of Red Chamber*（literature theory）《紅樓夢的寫作技巧》

Out of The Wild Frontier（novelette）《塞外》

1967 *A Heart-broken Story*（novel）《碎心記》

1968 *Miss Clever*（novel）《靈姑》

Trifle（prose）《鱗爪集》

1969 *The Road to Promotion*（novelette）《青雲路》

1970 *A Sex-change Story*（novelette）《變性記》

The Biography of the Dragon and the Phoenix（novel）《龍鳳傳》

1971 *A Brilliantly lighted Garden*（novel）《火樹銀花》

1972 *My Floating Life*（prose）《浮生記》

Selection of Mo Jen's Poems《墨人詩選》

A Heart-broken Woman（novelette）《斷腸人》

Phoenix Valley（novel）《鳳凰谷》

Mo Jen's Works（five volumes）《墨人自選集》

Selection of Mo Jen's short stores《墨人短篇小說選》

1978 *Hu Han-ming, the Poet and Revolutionist*（novel）《詩人革命家胡漢民》

1979 *The Mokey in the Heart*（i.e. The Purple Swallow renamed）《心猿》

1980 *The Hermit*（prose）《心在山林》

A Collection of Mo Jen's Prose（prose）《墨人散文集》

A Praise to Mountains（poems）《山之禮讚》

1983 *Mountaineer's Remarks*（prose）《山中人語》

1985 *My Candle Burns at Both Ends*（prose）《三更燈火五更雞》

Flower Market（prose）《花市》

1986 *A Mundane World*（novel, four volumes, over 1.9 million words）《紅塵》

1987 *Remarks on All Poems of the Tang Dynasty*（theory）《全唐詩尋幽探微》

1988 *Remarks On All Tsyr*（prose poem）*of the Tang and Sung Dynasties*（theory）《全唐宋詞尋幽探微》

1991 *The Breeze That Came From The East Last Night in My Little garden Again*（prose）《小園昨夜又東風》

1992 *Travel for Literature in Mainland China*（prose）《大陸文學之旅》

1995 *Selection of Mo Jen's Poems, 1992-1994*《墨人半世紀詩選》

1996 *I'll look upon the World*《紅塵心語》

Chang Edition of the Dream of Red Chamber《張本紅樓夢》（修訂批註）

1997 *Cherish thy guests and the Muses*《年年作伴寒窗》

1999 *Saha Shih Gai*《娑婆世界》

1999 *Remarks on All Poems of the sung Dynasties*《全宋詩尋幽探尋》

1999 *Mo Jen's Classical Poems and Prose Poems*《墨人詩詞詩話》

2004 *Poussiere Rouge*《紅塵》法文譯本

墨人博士創作年表（二〇〇五年增訂）

年度	年齡	發表出版作品及重要文學紀錄摘要
民國二十八年己卯（一九三九）	十九歲	在東南戰區《前線日報》發表〈臨川新貌〉。淪陷區著名的上海《大美晚報》隨即轉載。
民國二十九年庚辰（一九四〇）	二十歲	在《前線日報》發表〈希望〉、〈路〉等新詩作品。
民國三十年辛巳（一九四一）	二十一歲	在《前線日報》發表〈評夏伯陽〉書評等文。
民國三十一年壬午（一九四二）	二十二歲	在各大報發表〈苦難的行列〉、〈贛州禮讚〉（長詩）、〈老船夫〉、〈盲歌者〉、〈自己的輓歌〉、〈抹去那怯弱的眼淚吧〉、〈生命之歌〉、〈快割鳥〉、〈鷂鷹與雲雀〉等詩及散文多篇。
民國三十二年癸未（一九四三）	二十三歲	在各大報發表長詩〈鋤奸隊長〉、〈搜索連長〉、〈遙寄〉、〈寫在第七個七七〉、〈父親〉、〈受難的女神〉、〈城市的夜〉及〈火把〉、〈擊柝者〉、〈橋〉、〈古鐘〉、〈汽笛〉、〈山居〉、〈沙灘〉、〈夜行者〉、〈孤芳〉、〈蚊蟲〉、〈蒼蠅〉、〈園圃〉、〈陽光〉、〈深秋〉、〈贈某詩人兼寫自己〉、〈哀亡命詩人〉、〈自供〉、〈白屋詩抄〉、〈哀歌〉、〈生活〉、〈給偶像崇拜者〉、〈戰書〉、〈燈下獨白〉、〈夜歸〉、〈失眠之夜〉、〈悼〉、〈殘英〉、〈黃昏曲〉、〈補綴〉、〈復活的季節〉〈擬戀歌〉、〈晨雀〉、〈春耕〉、〈天空的搏鬥〉等長短抒情詩。另發表散文及短篇小說多篇。

民國三十三年甲申（一九三九）	二十四歲	發表〈山城草〉五首及〈沒有褲子穿的女人〉、〈襤褸的孩子〉、〈駝鈴〉、〈無聲的哭泣〉、〈長夜草〉、〈春夜〉、〈擬某女演員〉、〈蛙聲〉、〈麥笛〉等詩及散文多篇。
民國三十四年乙酉（一九四五）	二十五歲	發表〈最後的勝利〉及〈煉獄裏的聲音〉、〈神女〉、〈問〉等長詩與散文多篇。
民國三十五年丙戌（一九四六）	二十六歲	發表〈夢〉、〈春天不在這裡〉等詩及散文多篇。
民國三十六年丁亥（一九四七）	二十七歲	發表〈冬天的歌〉、〈流浪者之歌〉、〈手杖、煙斗〉及長詩〈上海抒情〉等與散文多篇。
民國三十七年戊子（一九四八）	二十八歲	主編軍中雜誌、撰寫時論，均不署名。
民國三十八年己丑（一九四九）	二十九歲	七月渡海抵臺，發表〈呈獻〉、〈滿妹〉，及長詩〈自由的火燄〉、〈人類的宣言〉等及散文多篇。
民國三十九年庚寅（一九五〇）	三十歲	發表〈站起來，捏死他！〉、〈滾出去，馬立克！〉、〈英國人〉、〈海洋頌〉等詩。出版《自由的火燄》詩集。
民國四十年辛卯（一九五一）	三十一歲	發表〈春晨獨步〉、〈炫與殉〉、〈悼三閭大夫屈原〉、〈詩聯隊〉、〈心靈之歌〉、〈子夜獨唱〉、〈真理、愛情〉、〈友情的花朵、〈啊，西風啊！〉、〈歲暮吟〉、〈師生〉、〈往事〉、〈天書〉、〈歷程〉、〈雨天〉、〈火車飛馳在海岸涙上〉、〈帶路者〉、〈送第一艦隊出征〉等詩，及〈哀祖國〉長詩。
民國四十一年壬辰（一九五二）	三十二歲	發表〈未完成的想像〉、〈廊上吟〉、〈窗下吟〉、〈白髮吟〉、〈秋夜輕吟〉、〈秋訊〉、〈渴念，追求〉、〈寂寞、孤獨〉、〈冬眠〉、〈我想把你忘記〉、〈想念〉、〈成人的悲歌〉、〈訴〉、〈詩人〉、〈詩〉、〈貝絲〉、「春天的懷念」五首，〈和風〉、〈夜雨〉、〈臺灣海峽的霧〉等及散文、短篇小說多篇。 出版《哀祖國》詩集。

民國四十二年癸巳（一九五三）	三十三歲	發表〈寄台北詩人〉等詩及散文短篇小說多篇。高雄百成書店出版短篇小說集《最後的選擇，收入〈華玲〉、〈生死戀〉、〈梅蘭馨〉、〈敵人的故事〉、〈最後的選擇〉、〈蔣復成〉、〈姚醫生〉等七篇。大業書店出版長篇小說《閃爍的星晨》一、二兩冊。
民國四十三年甲午（一九五四）	三十四歲	發表〈雪萊〉、〈海鷗〉、〈鳳凰木〉、〈流螢〉、〈鵝鸞鼻〉、〈海邊的城〉、〈長夏小唱〉及散文、短篇小說多篇。
民國四十四年乙未（一九五五）	三十五歲	發表〈雲〉、〈F-86〉、〈題GK〉等詩及散文、短篇小說多篇。香港亞洲出版社出版長篇小說《黑森林》，並獲中華文獎會國父誕辰長篇小說第二獎（第一獎從缺）。
民國四十五年丙申（一九五六）	三十六歲	發表〈四月〉等詩及散文、短篇小說多篇。
民國四十六年丁酉（一九五七）	三十七歲	發表〈月亮〉、〈九月之旅〉、〈雨和花〉等詩及長篇小說《魔障》。
民國四十七年戊戌（一九五八）	三十八歲	暢流半月刊雜誌社出版長篇連載小說《魔障》。
民國四十八年己亥（一九五九）	三十九歲	發表短篇小說、散文多篇。文壇雜誌社出版長篇小說《孤島長虹》（全集中易名爲《富國島》）。
民國四十九年庚子（一九六〇）	四十歲	發表〈橫貫小唱〉等詩及散文、短篇小說多篇。
民國五十年辛丑（一九六一）	四十一歲	發表〈熱帶魚〉、〈豎琴〉、〈水仙〉等詩及短篇小說甚多。奧國維也納納富出版公司編選的《世界最佳小說選》選入短篇說〈馬腳〉，同時入選者有諾貝爾文學獎得主威廉福克納、拉革克菲斯特等世界各國名作家作品。

民國五十一年壬寅（一九六二）	四十二歲	發表〈青鳥〉、〈兩腳獸〉、〈晚會〉、〈祈禱〉等詩及短篇小說甚多。奧國維也納納富出版公司又將短篇小說《小黃》（以江州司馬筆名撰寫者）選入《世界最佳小說選》，同時入選者有諾貝爾獎得主蕭洛霍夫，郭沫若及世界各國名作家作品。
民國五十二年癸卯（一九六三）	四十三歲	香港九龍東方文學出版社出版中篇小說《古樹春藤》。發表短篇小說、散文甚多。
民國五十三年甲辰（一九六四）	四十四歲	香港九龍東方文學社出版短篇小說集《花嫁》，收入〈教師爺〉、〈劉二爹〉、〈二媽〉、〈異鄉人〉、〈花嫁〉、〈扶桑花〉、〈南海屠鮫〉、〈高山曲〉、〈古寺心聲〉、〈誘惑〉、〈隱情〉、〈美珠〉、〈新苗〉、〈心聲淚影〉等十四篇。高雄長城出版社出版中短篇小說集《水仙花》，收入〈水仙花〉、〈銀杏表嫂〉、〈圓房記〉、〈江湖兒女〉、〈天鵝〉、〈賭徒〉、〈搶親〉、〈黃龍〉、〈風雪歸人〉、〈花子老趙〉、〈景雲寺的居士〉、〈人與樹〉、〈過客〉、〈阿婆〉、〈馬腳〉、〈小黃〉等十六篇。高雄長城出版社出版中短篇小說集《白夢蘭》。收入〈情敵〉、〈空手〉、〈師生〉、〈斷夢〉、〈黃昏曲〉、〈白夢蘭〉、〈平安夜〉、〈凱塞琳、萊蒙托夫與我〉、〈陽春白雪〉、〈亂世佳人〉、〈傷心之旅〉、〈白衣清淚〉、〈護士與病人〉、〈如夢記〉、〈除夕〉等十五篇。　高雄長城出版社出版《中華日報》連載的二十五萬字長篇小說《白雪青山》。　發表短篇小說、散文甚多。
民國五十四年乙巳（一九六五）	四十五歲	高雄長城出版社出版連載長篇小說《洛陽花似錦》、《春梅小史》、《東風無力百花殘》三部。　發表短篇小說、散文甚多。省政府新聞處出版長篇小說《合家歡》。
民國五十五年丙午（一九六六）	四十六歲	是年五月赴馬尼拉華僑文教講習會講授「紅樓夢的寫作技巧」及新詩課程一個月。商務印書館出版文學理論專著《紅樓夢的寫作技巧》，全書共十五萬字。商務印書館出版中短篇小說集《塞外》。收入〈塞外〉、〈鬍子〉、〈百合花〉、〈天山風雲〉、〈白金龍〉、〈白狼〉、〈秋圃紫鵑〉、〈曹萬秋的衣缽〉、〈半路夫妻〉、〈百鳥聲喧〉、〈風竹與野馬〉、〈美人計〉、〈夜襲〉、〈花燭劫〉等十四篇。

民國五十六年丁未（一九六七）	四十七歲	發表短篇小說、散文甚多。小說創作社出版連載長篇小說《碎心記》。
民國五十七年戊申（一九六八）	四十八歲	小說創作社出版《中華日報》連載長篇小說《靈姑》。水牛出版社出版散文集《鱗爪集》，收入〈家鄉的魚〉、〈家鄉的鳥〉、〈雪天的懷念〉、〈秋山紅葉〉、〈學問與創作之間〉等散文七十六篇、舊詩三首。
民國五十八年己酉（一九六九）	四十九歲	商務印書館出版中短篇小說集《青雲路》。收入〈世家子弟〉、〈青雲路〉、〈空棺記〉、〈久香〉等四篇。
民國五十九年庚戌（一九七〇）	五十歲	商務印書館出版中短篇小說集《變性記》。收入〈變性記〉、〈嬌客〉、〈歲寒圖〉、〈泥龍〉、〈祖孫父子〉、〈秋風落葉〉、〈老夫老妻〉、〈恩愛夫妻〉〈布販與偷雞賊〉、〈芳鄰〉、〈沙漠王子〉、〈沙漠之狼〉、〈世界通先生〉、〈寶珠的祕密〉、〈奇緣〉等十五篇。幼獅文化事業公司出版長篇小說《龍鳳傳》。臺北立志出版社出版長篇《火樹銀花》出版全集時易名《同是天涯淪落人》。
民國六十年辛亥（一九七一）	五十一歲	立志出版社出版長篇小說《火樹銀花》。發表散文多篇及在高雄《新聞報》連載長篇小說《紫燕》。
民國六十一年壬子（一九七二）	五十二歲	聞道出版社出版散文集《浮生集》。收入〈文藝的危機〉、〈貝克特高風〉、〈五十年華〉等散文十三篇，舊詩六首。學生書局出版短篇小說散文合集《斷腸人》。收入短篇小說〈斷腸人〉、〈薇薇〉、〈相見歡〉、〈滄桑記〉、〈恩怨〉、〈夜宴〉等七篇及散文〈文學系與文學創作〉、〈大學國文教學我見〉、〈作家之死〉等十五篇。　中華書局出版《墨人自選集》五大冊。包括長篇小說《白雪青山》、《靈姑》、《鳳凰谷》、《江水悠悠》（《東風無力百花殘》易名）及《短篇小說、詩選》（精選短篇小說二十八篇，抒情詩一〇六首），共一百五十萬字。
民國六十二年癸丑（一九七三）	五十三歲	列入英國劍橋國際傳記中心（International Biographical Centre Cambridge England）出版的《國際詩人名錄》（*International Who's Who in Poetry. 1973*）。發表散文多篇。

民國六十三年甲寅（一九七四）	五十四歲	出席第二屆世界詩人大會。 發表散文多篇。
民國六十四年乙卯（一九七五）	五十五歲	列入正中書局出版的《中華民國文藝史》（1975）。發表〈臺北的黃昏〉新詩一首及散文多篇。
民國六十五年丙辰（一九七六）	五十六歲	列入英國劍橋國際傳記中心出版的 *Men of Achievement. 1976* 發表〈歷史的會晤〉新詩及散文、短篇小說多篇。
民國六十六年丁巳（一九七七）	五十七歲	應 I.B.C 邀請於三月間赴義大利翡冷翠出席國際文藝交流大會（The 3rd I.B.C. International Congress on Arts and Communications）。會後環遊世界。發表〈羅馬之雲〉、〈羅馬之松〉、〈翡冷翠的女郎〉、〈翡冷翠之柳〉、〈塞納河〉等詩及羅馬掠影」、〈單城記〉、〈威尼斯之旅〉、〈藝術之都翡冷翠〉、〈西雅奈與比薩斜塔〉、〈美國行〉、〈江戶、皇宮、御苑〉、〈環球心影〉等遊記。在《中國時報》發表有關中國文化論文〈中國文化的三條根〉，在《新生報》發表〈文藝界的『洋』痲瘋〉等多篇。
民國六十七年戊午（一九七八）	五十八歲	近代中國社出版長篇傳記小說《詩人革命胡漢民傳》。 列入英國劍橋國際傳記中心出版的《國際名人辭典》（*Dictionary of International Biography.1978*）、《國際知識分子名錄》(*International Who's Who of Intellectual.1978*、《國際人名剪影》 *International Register of Profiles*）、《國際社會名人錄》（*International Who's Who in Community Service*），發表〈六月之荷〉詩一首。在各報發表〈中國文化的宇宙觀〉、〈中國文化的真面目〉、〈文化、社會形態與當代文學創作（爲亞洲文學會議而作）〉、〈人與宇宙自然法則〉等。 出席亞洲文學會議。　列入中華書局出版的《中華民國當代名人錄》（*Who's Who of R.O.C. 1978*）　列入行政院新聞局編印的一九七八年英文《中華民國年鑑名人錄》（*China Yearbook Who's Who*）。

民國六十八年己未（一九七九）	五十九歲	學人文化事業有限公司出版長篇小說《心猿》（《紫燕》易名）。發表短篇小說〈春〉、〈杏林之春〉、長詩〈哀吉米・卡特〉及〈山之禮讚〉五首。短篇〈客從故鄉來〉、〈人瑞〉。理論〈中國古典小說戲劇〉、〈抗戰文學的整理與再創作〉（《中央日報》）等多篇。
民國六十九年庚申（一九八〇）	六十歲	秋水詩刊社出版詩集《山之禮讚》、收集六十四年以後新詩四十四首及七言絕律詩十首。　中華日報社出版散文集《心在山林》、收集〈花甲雲中過〉、〈老當益壯〉、及抒情寫景散文數十篇。 臺中學人文化事業出版有限公司出版《墨人散文集》收集〈文化、社會形態與當代文學創作〉、〈人與宇宙自然法則〉、〈中國文化的三條根〉、〈宇宙爲心人爲本〉、〈文藝界的『洋』瘋癲〉等理論性散文數十篇。 在《中央日報・副刊》發表〈紅樓夢研究的正確方向〉，《中華日報・副刊》發表〈人生六十樹常青〉，《青年戰士報・新文藝副刊》發表〈山中人語〉專欄文章〈山水之間〉、〈生命長短價值觀〉、〈寶刀未老〉、〈七進七出鬼門關〉、〈報人甘苦〉、〈杏壇生涯〉等。 接受《大華晚報》採訪組副主任程榕寧兩次訪問，一爲談胡漢民生平，一爲談《易經》、《道德經》、命學，並發表〈醫學命學與人生〉專文。
民國七十年辛酉（一九八一）	六十一歲	繼續撰寫《山中人語》專欄。 應臺中市《自由日報》特約撰寫《浮生小記》專欄。 應行政院新聞局邀請參觀本省農漁畜牧事業單位，並在《中央日報》發表〈人在福中〉散文。 接受臺灣廣播公司《成功之路》節目訪問，於四月廿七日晚八時半播出。 在高雄《新聞報》發表〈撥亂反正說紅樓〉（六月十七、十八日）論文。
民國七十一年壬戌（一九八二）	六十二歲	九月赴漢城出席第二屆中韓作家會議，並在東京參加中日作家會議，曾暢遊南韓、北海道、大阪至東京名勝地區，歸後撰寫〈韓國掠影〉、〈秋遊北海道〉，發表於《中央日報》。 列入中華民國名人傳記中心出版的《中華民國現代名人錄》。

		列入英國劍橋國際傳記中心出版的《傑出男女傳記》（*Men and Women of Distinction*）並附照片。 列入美國 MarQuis 公司出版的《世界名人錄》（*Who's Who in the World*）第六版。 接受義大利藝術大學授予的文學功績證書。
民國七十二年癸亥（一九八三）	六十三歲	商務印書館出版散文集《山中人語》，收集散文七十篇。
民國七十三年甲子（一九八四）	六十四歲	商務印書館出版《論墨人及其作品》上、下兩冊，包括評論文章六十餘篇。 列入義大利 Accademia Itlia 出版英、法、德、義四種文字的《國際文學史》（*The History of International Literature*）及《百科全書：當代人物（*The Encyclopadeia: Contemporary Personalities*）。 端午節（六月四日）開筆撰寫已構思準備十餘年的一百餘萬字的大長篇小說《紅塵》，年底完成初稿四十餘萬字。 十月在韓國漢城舉行的第四屆中韓作家會議，事忙未能出席，但提出一萬餘字的論文〈古典與現代〉一篇。
民國七十四年乙丑（一九八五）	六十五歲	由江山出版社出版《三更燈火五更雞》、《花市》散文集等兩本，前者收入散文、理論二十四篇，後者收入散文遊記二十七篇。 八月一日退休，專心寫作《紅塵》，於十二月底完成九十二章，告一段落，共一百二十萬字，超出《紅樓夢》十餘萬字，內有絕律詩（聯）三十一首。
民國七十五年丙寅（一九八六）	六十六歲	年初開始研讀《全唐詩》，撰寫《全唐詩尋幽探微》，十一月完成，共十二萬餘字，一面在《新聞報‧西子灣》發表，並連同歷年所作絕律詩三十七首，定名為《墨人絕律詩集》，一併交與臺灣商務印書館簽約出版。 列入美國 A.B.I.出版的 5000 Personalities of the World；英國 I.B.C.出版的 *The Intemational Authors and Writers Who's Who.*

民國七十六年丁卯（一九八七）	六十七歲	訪問考察東南亞地區、國家馬來西亞、新加坡、泰國、菲律賓、香港十七天，並出席多次座談會。 商務印書館出版《全唐詩尋幽探微》（附《墨人絕律詩集》）。 《紅塵》長篇小說於三月五日開始在（臺灣新生報）連載。 七月四、五日出席在臺北市召開的抗戰文學研討會。 八月一日出席在高雄市召開的第七屆中韓作家會議。
民國七十七年戊辰（一九八八）	六十八歲	元月二日完成《全唐宋詞尋幽探微》（附《墨人詩餘》）全書十六萬字。設於美國深受世界尊重的「國際大學基金會」（The Marguis Giuseppe Scicluna 1855-1907 Internarional University Foundation）（Founded 1973）授予榮譽文學博士學位。
民國七十八年己巳（一九八九）	六十九歲	臺灣商務印書館出版《全唐宋詞尋幽探微》。 臺北大地出版社三版長篇小說《白雪青山》。 世界大學（World University）授予榮譽文學博士學位。
民國七十九年庚午（一九九〇）	七十歲	五月應大陸黃河文化實業公司邀請，作四十天文學之旅，與北京、上海、杭州、九江、武漢、西安、蘭州等地作家座談中華文化、文學創作，坦誠交換意見，獲得一致共識、真摯友情與尊敬，廣州電視臺並全程錄影，製作專輯播出，六月底返臺後即撰寫《大陸文學之旅》專著。 艾因斯坦國際學院基金會（Albert Einstein 1879-1955 International Academy Foundation）授予榮譽人文學博士學位。 榮列英國劍橋國際傳記中心出版的 IBC Book of Dedications.占全書篇幅五頁，刊登照片五張，介紹五十年創作生涯，十分翔實，篇幅之大，爲全書冠，並禮聘爲 IBC 副總裁。
民國八十年辛未（一九九一）	七十一歲	二月底新生報出版《紅塵》，二十五開本，上、中、下三鉅冊。黎明文化事業公司出版《小園昨夜又東風》散文集。 應香港廣大學院禮聘爲中國文學研究所客座指導教授。 《紅塵》榮獲新聞局著作金鼎獎及嘉新優良著作獎。

民國八十一年壬申（一九九二）	七十二歲	文史哲出版社出版《大陸文學之旅》。 應聘香港廣大學院中研所客座指導教授。 一月五日開筆寫《紅塵續集》，自九十三章起至一百二十章止，共四十萬字，六月十日完稿，《紅塵》全書共一百九十萬字。續集自十二月一日開始在《臺灣新生報・副刊》連載近年，雙破長篇鉅著及連載紀錄。中國廣播公司《中廣小說選播》節目，亦於十二月一日十四時三十分，在AM657千赫第一廣播網開始播出長篇鉅著《紅塵》上、中、下三冊，由戴愛華小姐導播，集該公司播音精英，通力合作，龍老夫人一角由播音元老白銀飾演，其餘人物均爲一時之選，效果奇佳，前所未有。　北京「中國文聯出版公司」出版《也無風雨也無晴》。 墨人故鄉九江《師專學報》，於本年起開闢《墨人研究》專欄，與《陶淵明研究》、《黃山谷研究》，並稱三大專欄，甚受教育、學術界重視。
民國八十二年癸酉（一九九三）	七十三歲	十月下旬，偕《秋水》詩刊同仁涂靜怡、雪柔、麥穗、汪洋萍、風信子、林蔚穎等爲慶祝《秋水》創刊二十周年，訪問哈爾濱、北京、西安三大都市，與當地詩人座談交流，水乳交融，兩岸詩人因而建立深厚友誼。十一月初，隻身訪問昆明、探親，昆明作協主席曉雪、八十多歲老作家李喬、小說家張昆華、《春城晚報》副總編輯熊廷武、副刊主編原因、理論家教授余斌、作家湯世傑、李錦華等集會歡迎，其中多爲白族、彝族等少數民族作家，乃以雲南少數民族文化資源努力創作相勉，深獲共鳴。資深作家彭荊風，晚間並來下榻處暢談。 繼續應聘香港廣大學院中研所客座指導教授三年。 十二月新生報社出版《紅塵續集》，全書共四大冊，其實前後一貫，爲一整體，該報爲方便，乃以《續集》名之。一生心願心血得以完成，在輕、薄、短、小及商品文學獨占市場情況下，亦一大異數。北京「中國文聯出版公司出版《紅樓夢的寫作技巧》。

民國八十三年甲戌（一九九四）	七十四歲	一月開始研讀自北京購回的《全宋詩》，擬續寫《全宋詩尋幽探微》。 四月十一日接受臺北復興廣播電臺《名人專訪》節目主持人裴雯小姐訪問：談一生寫作歷程及大長篇《紅塵》寫作經過。 臺北《世界論壇報》副社長兼副刊主編詩人評論家周伯乃先生，特自五月三十一日起一連三天出版特刊，慶祝七十晉五誕辰暨創作五十五周年，除刊出〈小傳〉、〈七五人生一首詩〉、〈中國新詩與傳統詩詞的整合〉、〈叩開生命之門〉三篇新作外，並刊出蒙古族女詩人作家薩仁圖婭的〈墨人：屈原風骨中華魂〉，及馬來西亞霹靂州立女子中學校長，詩詞家、散文作家彭士麟女士論《紅塵》與大陸作家作品比較的書信，墨人著作校長，詩詞家、散文作家彭士麟女士論《紅塵》與大陸作家作品比較的書信，墨人著作目錄、美國兩個榮譽文學博士、一個人文學博士照片三張，《紅塵》獲獎照片一張，及周伯乃〈無限的祝禱〉文等。 八月七日，中國時報系的《工商日報・讀書版・大書坊》刊出蓓齡的《紅塵》墨人專訪文章，並配合攝影記者何日昌拍攝的墨人及《紅塵》四冊照片。 大陸廣州暨南大學中文系教授兼臺港暨海外華文文學研究中心主任、評論家潘亞暾，費時月餘撰寫《紅塵續集》論文達一萬餘字的〈偉大史詩的歸結〉，於九月二十一至二十五日在臺北市《世界論壇報・副刊》全文刊出，見解不凡，對《續集》的成功更使他大吃一驚，因此，更肯定《紅塵》的史詩價值、地位。 八月二十八日第十五屆世界詩人大會在臺北召開，僅提出〈中國新詩與傳統詩詞的整合〉論文一篇，並未出席、論文則由《中國詩刊》主編曾美霞女士代讀。
民國八十四年乙亥（一九九五）	七十五歲	一月，臺北文史哲出版社出版《墨人半世紀詩選》（一九四二—一九九四）。 一月十日應臺北廣播電臺《藝文夜話》主持人宋英小姐訪問，許導播秀玲決定十日開播《紅塵》全書四冊，每日廣播兩次。 中國詩歌藝術學會主辦、中國文藝協會協辦，於五月二十二日在臺北市中國文藝協會舉行《墨人世半紀詩選》學術研討會，與會詩人、評論家六十餘人，討論情況熱烈，並印發海峽兩岸評論家王常新、古繼堂、古遠清、李春生、楊允達、周伯乃等十三家論文專集。各家均推崇、肯定新舊詩兩方面的成就與半個多世紀的貢獻。

		英國劍橋國際傳記中心頒贈二十世紀文學傑出成就獎。榮列一九九五年英國劍橋國際傳記中心出版的 The Definitive Book of the Deputy Directors General of the IBC.佔全書篇幅五頁，刊登照片五張，爲全書之冠。
民國八十五年丙子（一九九六）	七十六歲	臺北圓明出版社出版涵蓋儒、釋、道三家思想的散文集《紅塵心語》。卷首有珍貴的文學照片十餘張。 臺北中國詩歌藝術學會出版《十三家論文》論《墨人半世紀詩選》。
民國八十六年丁丑（一九九七）	七十七歲	臺北中天出版社出版與《紅塵心語》爲姊妹集的散文集《年年作客件寒窗》，各篇亦均以五、七言詩作題，內中作者詩詞亦多，並附錄珍貴文學資料訪問記、特寫、著作目錄等十餘篇。出任「乾坤」詩刊顧問，並主編該刊古典詩詞。 完成《墨人詩詞詩話》、《全宋詩尋幽探微》兩書全文。
民國八十七年戊寅（一九九八）	七十八歲	構思六年的以佛學精義結合修行心得化爲文學創作的長篇小說《娑婆世界》，於三月二十八日開筆，十二月脫稿。共三十八章，五十多萬字。 英國劍橋國際傳記中心（IBC）出版《二十世紀傑出人物》以照片配合文字將墨人傳記刊卷首重要位置，並頒發獎狀。大陸中國國際經濟文化交流促進會、燕京國際文化藝術研究會等七大單位編纂出版的《世界華人文學藝術界名人錄》，中國國際交流出版社出版的《世界名人錄》，均爲十六開巨型中文本。
民國八十八年己卯（一九九九）	七十九歲	本年爲來臺五十周年，創作六十周年，中國習俗八十歲，昭明出版社出版長篇小說《娑婆世界》。 美國傳記學會（ABI）出版二十世紀《五百位有影響力的領袖》，以照片配合文字將墨人傳記刊於卷首重要位置並頒發獎狀。照片及詩詞五首編入中國《當代吟壇》巨著。　美國「世界智庫」與艾因斯坦國際學會基金會」聯合頒贈墨人傑出成就榮譽獎，以紀念千禧年，並榮列中國出版的《中華精英大全》。 美國傳記學會頒贈墨人「二十世紀成就獎」。

民國八十九年庚辰（二〇〇〇）	八十歲	臺北昭明出版社陸續出版定本長篇小說《白雪青山》、《滾滾長江》、《春梅小史》；文學理論《紅樓夢的寫作技巧》，連同民國八十八年出版的長篇小說《娑婆世界》，並列爲墨人一系列代表作品，以慶祝墨人八十整壽。 臺北詩藝文出版社出版《墨人詩詞詩話》。 臺北文史哲出版社出版《全宋詩尋幽探微》。
民國九十年辛巳（二〇〇一）	八十一歲	臺北昭明出版社出版長篇小說定本《紅塵》全書六冊及長篇小說《紫燕》定本。
民國九十一年壬午（二〇〇二）	八十二歲	五月三日偕長子選翰赴上海訪友小住。 英國劍橋國際傳記中心授予「終身成就獎」。
民國九十二年癸未（二〇〇三）	八十三歲	八月底偕夫人及在臺子女四人經上海轉往故鄉九江市掃墓探親並遊廬山。
民國九十三年甲申（二〇〇四）	八十四歲	準備出版全集（經臺北榮民總醫院檢查無任何疾病。）巴黎 you-Feng 書局出版豪華典雅法文本《紅塵》。
民國九十四年乙酉（二〇〇五）	八十五歲	此後五年不遠行，以防交通意外，準備資料。計劃百歲前開筆撰寫新長篇小說。北京「中央出版社」出版《強國丰碑》，以著名文學家張萬熙爲題刊出墨人傳略，爲臺灣及海外華人作家唯一入選者。並先後接到北京電話、書函邀請寄送資料編入《一代名家》、《中華文化藝術名家名作世界傳播錄》。
民國九十五年丙戌（二〇〇六）至民國一百年（二〇一一）——	八十六歲至九十二歲——	重讀重校全集，已與臺北市文史哲出版社簽訂出版《墨人博士作品全集》合約， 民國一百年年內可以出版。此爲「五四」以來中國大陸與臺灣所未有者。